金融科技风险防范

制度设计与计算机技术

孙 娜 孙 妍 沈小娟 ◎ 著

暨南大学出版社
JINAN UNIVERSITY PRESS

中国·广州

图书在版编目（CIP）数据

金融科技风险防范：制度设计与计算机技术/孙娜，孙妍，沈小娟著. —广州：暨南大学出版社，2022.9
ISBN 978 - 7 - 5668 - 3415 - 7

Ⅰ. ①金…　Ⅱ. ①孙… ②孙…③沈…　Ⅲ. ①金融—科技发展—研究—中国　Ⅳ. ①F832

中国版本图书馆 CIP 数据核字（2022）第 078421 号

金融科技风险防范：制度设计与计算机技术
JINRONG KEJI FENGXIAN FANGFAN：ZHIDU SHEJI YU JISUANJI JISHU
著　者：孙　娜　孙　妍　沈小娟
··

出 版 人：张晋升
责任编辑：黄文科　彭琳惠
责任校对：刘舜怡　黄亦秋
责任印制：周一丹　郑玉婷

出版发行：暨南大学出版社（511443）
电　　话：总编室（8620）37332601
　　　　　营销部（8620）37332680　37332681　37332682　37332683
传　　真：（8620）37332660（办公室）　37332684（营销部）
网　　址：http：//www.jnupress.com
排　　版：广州尚文数码科技有限公司
印　　刷：广州市银裕彩印有限公司
开　　本：787mm×1092mm　1/16
印　　张：10
字　　数：160 千
版　　次：2022 年 9 月第 1 版
印　　次：2022 年 9 月第 1 次
定　　价：39.80 元

（暨大版图书如有印装质量问题，请与出版社总编室联系调换）

前　言

金融科技（FinTech），主要是指新技术应用于金融领域而产生的新的金融服务模式和金融产品。金融科技企业是提供这种产品和服务的载体，在促进社会经济发展中发挥了重要的作用。与此同时，金融科技企业的风险管理也面临诸多挑战，一旦其风险爆发对社会的危害是巨大的。因此，研究金融科技企业风险的特点和产生机理，对于企业和监管部门制定合理的风险防范策略，提高风险防范的效果，保证社会经济的平稳健康发展，都具有重要的意义。

本书研究了金融科技企业信用风险的爆发机理，发现并且证实了金融科技企业的信用风险通过相互传染导致大规模爆发的"引信效应"，即风险的传播沿着企业的"资质链"由弱到强的扩散过程。同时还发现，金融科技行业内企业的资质参差不齐是产生引信效应的主要原因。因此，如果行业中企业的进入门槛难以有效控制，导致低资质企业大量进入市场，就会诱发引信效应，危害相关行业的稳定发展。

本书讨论了巴塞尔协议 II 提出的金融科技的三种主要风险（操作风险、市场风险、信用风险）的各自特点。为了防范市场风险，企业应当着眼于长远，把重点放在科学的发展战略制定上，通过踏实的市场调研，运用科学的方法进行市场研判，把握正确的市场方向。而对于操作风险与信用风险，则要重视应急处理，科学地建立风险防范制度，从根本上防止人为的风险事件。同时，要充分地利用现代的科学技术设备，以人工智能技术为核心，高效率地防范风险。

由于金融科技出现的时间较短，因此金融科技企业风险到底包括哪些影响因素，一直存在争论。其中，由于金融科技企业大量使用科学技术设备，因此许多观点认为这些科学技术的应用会增加企业风险。但本书提出，一方面技术的应用会带来新的风险类型——技术风险，另一方面技术的应用却可以在一定程度消除人为差错和操作人员的各种利益驱动导致的道德风险。因此，应当重视和发挥科学技术设备在防范风险中的重要作用，特别是以计算机技术为基础的一些人工智能技术，其在防范风险方面具有高效率、高速度和高处理能力的优点，应当充分利用。

本书还重点研究了制度接口设计在防范金融科技风险中的重要作用，并指出科学的制度设计对于防范风险具有根本性的意义。此外，本书还进一步深入地讨论了制度设计的科学理论与方法，提出了制度接口设计的具体技术。

最后，本书整合各项研究结果，提出了金融科技企业风险的制度与设备综合防范策略。这种综合防范策略的重要意义在于，巴塞尔协议Ⅱ指出的三种主要风险各自具有不同特点，其影响因素不同、产生机理不同。因此，影响金融科技企业风险的因素是复杂多样的，既有企业内部的，也有企业外部的。所以，风险识别与应对必须是系统的、全面的，即针对不同的风险特点，分别采用制度的或设备的策略和措施。只有这样，才能够最大化地有效使用有限的企业资源，实现最好的风险防范效果。

由于本书中所讨论的问题——金融科技风险，既涉及与人有关的管理科学，又涉及与现代科学技术有关的技术和设备，为了更加深入地讨论有关问题，本书的内容具有学科交叉研究的性质，是管理科学与计算机科学的融合。本书作者分别来自管理科学与计算机科学，由孙娜（管理学博士，副教授）与孙妍（通讯与计算机科学博士，上海市浦江人才）及沈小娟（管理学博士，副教授）合著。本书中，与计算机视觉有关的研究成果，来自国家自然科学基金项目（编号62002215）的研究内容；与制度接口有关的研究成果，来自国家自然科学基金项目（编号71771151）的研究内容。在此，向这两个项目的资助单位表示衷心的感谢。同时，本书的体系也说明，随着现代科学技术的飞速发展，管理科学已经不再是单纯的人文学科性质，技术设备在管理过程中的作用越来越重要。因此，管理科学的研究范围也开始扩大，不再是单纯的经济与管理理论，而是大量涉及技术设备方面的研究，并渐渐向工程学科方向发展。这也是专门研究制度设计的制度工程学的主要特点，即在对人的管理过程中，特别是在制度设计方面，大量的技术设备发挥着重要的作用。

本书中有个别内容曾经由本书作者在有关刊物上作为论文发表过，但由于受到篇幅限制，这些内容作为论文发表时，许多环节都做了删减，体系性较差，论证过程由于删减而出现逻辑不连贯，导致读者不容易理解。为了使这些内容能够在系统性的理论框架内体现更大的意义，也为了向读者提供相对完整的研究过程，现将这些内容融入本书中，以便向读者展现完整的研究过程，形成一个相对完整的金融科技企业风险理论与方法体系，既为其他学者的研究提供参考，便于他们发现我们研究中不深入或者不足之处，以便接受批评而使我们在今后能够进一步深化研究，同时也为相关的金融科技风险监管部门和金融科技企业管理人员提供相对系统性的理论与方法，使相关研究能够在金融科技风险防范过程中发挥一些作用。

在写作过程中，上海理工大学博士生导师、《财会月刊》学术顾问宋良荣教授提出了许多宝贵的指导意见，在此，我们表示衷心的感谢！

作　者
2022 年 8 月

目 录
CONTENTS

第6章　金融科技企业风险防范的制度接口设计

第7章　金融科技风险研究展望

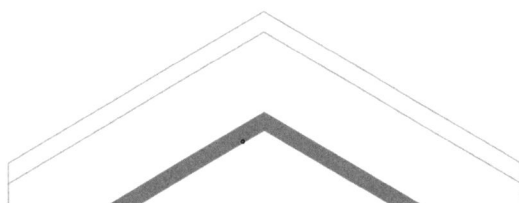

第 1 章

绪　　论

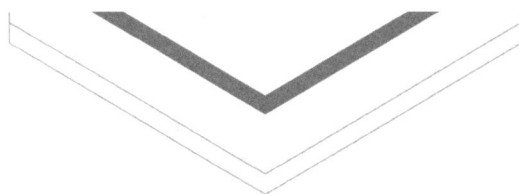

1.1　金融科技风险防范的重要意义

金融科技（FinTech，为 Financial technology 的合成简写），主要指新技术（互联网、大数据、人工智能等）催生的新金融服务模式和金融产品。从金融科技所包括的具体业务来看，丁娜等指出，根据我国的金融科技企业数据库，金融科技的具体领域有：网络借贷（P2P）、众筹业务、互联网银行、数字货币、大数据征信等。[1]其他学者对金融科技领域的理解也基本如此，比如，方意等认为，金融科技包括两个方面，一是"科技与金融的结合"带来的新金融服务模式，如网络借贷、众筹、供应链金融等。[2]二是"金融与技术的结合"带来的传统金融服务的改进，比如利用大数据、区块链等对传统金融服务的改进。近年来，由于金融科技给社会经济和生活带来了巨大发展，因此其受到了各国政府的高度重视。我国的金融主管部门——中国人民银行于 2017 年专门成立了金融科技委员会，对金融科技开展研究与规划。2019 年，中国人民银行制定了《金融科技发展规划》。2020 年，上海市人民政府公布了《加快推进上海金融科技中心建设实施方案》，准备五年内把上海市建成全球金融科技中心。

一方面，金融行业在促进社会资金有效配置方面发挥着极其重要的作用，是社会发展不可缺少的。另一方面，金融行业如果发生风险，对社会的危害是巨大的。因此，金融工作的一个重要内容是防范金融风险。金融科技在本质上仍然属于金融范畴，在金融科技猛烈推动社会经济发展的同时，由于其"科技＋金融"的属性，同时又是前所未有的新兴行业，人们对其可能存在的风险充满了担忧。巴塞尔银行监管委员会（Basel Committee on Banking Supervision）专门成立了金融科技组，集中研究金融科技企业风险。战明华等指出，金融科技实际上已经冲击了传统的金融生态[3]；杨东指出，除传统的银联之外出现金融科技的第三方支付，除传统的银行之外出现金融科技的 P2P 平台，等等，都是金融科技对传统金融体系冲击的例子[4]。

实际上，金融科技的出现不仅使传统的金融系统风险上升[5][6]，而且提供金融科技服务的企业本身也存在许多风险。Demertzis 等指出[7]，金融科技企业风险实际上是由技术风险和金融风险相叠加而形成的，因此一旦发生风险，其传播速度和破坏力度是空前的。王聪聪等也持类似的观点。[8] 因此，如何有效地预防金融科技企业风险，无疑是当下一个重要的研究领域。特别是美国股市由于金融科技中的算法交易和高频交易发生了"5·6 闪崩事件"[9]、Bitfinex 交易所的比特币遭到黑客大规模盗窃、美国和中国的网络借贷平台出现了大量风险事件之后[10]，各国呼吁加强防范金融科技企业风险的呼声日益高涨。在我国，中国人民银行也开展了金融科技监管试点，探索采用各种有效的方式，对金融科技企业进行"包容审慎"的监管，防止其可能的风险蔓延和导致的社会动荡。

巴塞尔银行监管委员会和金融稳定理事会（Financial Stability Board）等国际金融组织都把金融科技定义为"由技术进步导致的与金融有关的新产品、新商业模式、新流程等"[11]。按照这个定义，金融科技的领域主要包括智能分析、智能投顾、支付清算、网络借贷。[12] 在这四个主要领域中，网络借贷作为一种随着网络技术进步而兴起的行业，其发展极为迅速，但很快也出现了问题。特别是在中国，几乎整个网络借贷行业都由于经营风险而受到了致命的打击。网络借贷行业遭遇的大起大落，无形之中为金融科技中其他领域的发展演示了一场代价高昂的实验。因此，分析其经营风险的因素，从中学习经验和总结教训，对保证金融科技等新兴行业的健康发展，有着重要的意义。

因此，中国的网络借贷企业的发展与问题暴露过程，是研究金融科技企业风险的宝贵素材。伴随着金融科技与互联网技术的突飞猛进，国内的网络借贷平台企业从 2007 年出现，在 2015 年达到顶峰，数量达到 6 000 多家，曾经引起国家及有关部门的强烈不安，一些媒体将其说成是"金融科技狂奔"（请见《华夏时报》2020 年 11 月 3 日报道）。如今，潮起潮落，正常经营的网络借贷平台已经不足百家。如此剧烈的大起大落，导致投资者与经营者损失惨重，社会影响巨大，教训深刻。

如今，尽管昔日风光不再，其却给如何防范金融科技企业风险提供了成本高昂但宝贵的经验。金融科技中的各行业，没有任何一个行业像网络借贷这样如此快速地大规模发展，又如此大规模地倒闭。当前，网络借贷扩张的时代已经过去。只有对其进行认真分析研究，吸取宝贵的经验与教训，特别是通过这些经验与教训了解金融科技企业和行业的发展规律，才不会浪费这场成本高昂的实验。

一个重要的问题是，网络借贷作为新兴的金融科技企业群体，为什么其风险爆发会变得一发不可收拾？其爆炸式传播的链条与机理是什么？有哪些经验教训应当总结？对于其他金融科技企业的风险防范有什么启发意义？在今后的金融科技企业发展中应当如何避免风险传播与积累？这些都需要我们进一步给出答案。

此外，对于金融科技其他范畴的企业，风险事件也时有发生，仍然值得保持警惕，需要研究其各类风险的条件和规律，为防范风险提供决策参考。比如，2020年4月，多家中国金融机构的客户数据被人在国外黑客论坛 Raid Forums 上出售。2019年6月，某上市公司因进行跨界金融、钱包金服、钱包智能等业务，导致应收账款形成坏账，直接使该公司大量债务逾期。这些风险事件导致企业利益受到严重损害。

巴塞尔协议Ⅱ（Basel Ⅱ）提出，金融类企业的风险主要有操作风险、市场风险与信用风险。[13][14]就金融科技企业的管理和风险防范而言，以下重要问题值得探究：这些风险对企业的负面冲击有哪些特点，如何根据这些特点来制定合理的风险防范策略。比如，哪些风险会造成长期影响，需要制定长期的风险防范策略；哪些风险造成的短期影响较大，需要建立有效的应急机制。显然，这些问题对于合理地使用企业的有限资源、有针对性地制定风险防范策略、提高风险防范的效果具有十分重要的意义。

1.2 历史上的一些金融科技风险事件

1.2.1 高频交易的风险

美国股市曾经在 2010 年 5 月 6 日的交易过程中上演了惊悚的一幕：下午 2 点多的时候，道琼斯指数 10 分钟内狂跌了 9 900 点，成为 20 多年来最大的日跌幅。荒唐的是，当时竟然出现了报价为 0 的股票！然而，让人想不到的是，10 分钟后，股票指数突然回升到狂跌前的数值。这就是震惊全球的"5·6 闪崩事件"。

在这次事件之后，股市监管部门开始对该事件进行调查，一些研究单位也对该事件的成因进行分析。大家较一致的观点是认为高频交易导致了此次风险事件。

所谓的高频交易是指从时间极短的价格变化过程中获利的交易。这里所谓的时间极短，通常是在千分之一秒时间内就能完成买和卖的差价操作，这种交易速度已经使人脑根本来不及反应，以至于必须依靠运算速度极快的计算机来自动地进行交易。更有甚者，这种交易速度的"快"，已经到了以光速传播的光缆的长度也会影响交易成功率的程度。因此，许多从事高频交易的公司都尽可能把自己的服务器安放在交易所附近，以此来缩短传递交易指令的光缆长度，从而减少交易指令的延迟。

在高频交易过程中，交易指令是由计算机执行的，而何时买入与何时卖出，则是由计算机软件所形成的计量模型所决定的。

从当前情况来看，主要存在四种高频交易策略：订单流策略、市场结构策略、事件交易策略、统计套利策略。

订单流策略以盘口不同层次的报价和委托量为分析基础，进行计算机化的快速自动交易。

市场结构策略主要分析买卖双方是谁在主导价格走向。在超短时间内，如果卖盘主导，则预测价格下跌；如果买盘主导，则预测价格上涨。根据此原则来设定计算机程序，使计算机自动进行买或卖的操作。

事件交易策略主要分析当前发生的事件对价格的影响方向，这需要具有广泛的信息来源，能够准确地判断哪些事件对市场影响较大，并且要准确地判断事件对价格的影响方向。

统计套利策略指通过统计来确定证券的价格模型。当统计价格与实际价格发生偏差时，即产生了套利机会。

值得一提的是，高频交易其实是从人工交易发展而来的。上述四种交易策略，在早期都曾经是人工交易策略。但由于计算机主导的高频交易速度极快，那些曾经进行人工交易的操盘手都已经被计算机的程序化交易打败，不得不退出了市场。

高频交易与程序化交易都会给市场带来很大的风险，这是因为大家很可能都是用同一种算法来进行买卖交易的。也就是说，市场对买卖行为采取的策略往往会呈现一致性，这样，市场的波动性就会被人为地放大。另外，计算机一旦发生故障，出现错误的交易行为，也会使市场承受很大的风险。

"5·6 闪崩事件"就是高频交易导致的风险事件。如今，随着金融科技技术的发展，就美国的金融市场而言，每日 70% 以上的交易量都是由高频交易产生的，足见高频交易对市场影响之大。这也从侧面说明了金融科技风险防范的重要性。

1.2.2 网络借贷平台企业大规模爆雷

中国大陆的网络借贷平台企业从 2007 年出现，在 2015 年达到顶峰，数量达到 6 000 多家，到 2020 年 12 月正常经营的企业已经不足百家。从 2016 年开始，大量的 P2P 平台发生爆雷（倒闭，业内称这些倒闭的 P2P 平台为"问题平台"），倒闭的形式大约可分为五种情况：平台宣布停业、法人或股东失踪出逃、网站打不开或资金无法提现、因涉嫌非法集资而被经侦介入调查、业务转型（被业内称为良性退出）。由于进入门槛较低，一些平台经营不规范，大搞期限错配，还有许多平台本身实力薄弱，风控能力低。在这些一哄而起的 P2P 平台中，有的从一开始就以高利息为诱饵，以骗出资人的钱为目的，发布虚假标的，待吸收的存款达到一定数额后即关门跑路。大量的 P2P 平台跑路，引起了行业性的信任危机和公众对平台的倒闭预期，一些从平台借款的人故意或恶意拖欠借款不还而等待平台倒闭后赖账，使一些正常经营的平台的坏账大量增加，形成了"被动倒闭"风潮，结果又造成大量的资金出借人的资金无法收回，更进一步加剧了社会对 P2P 平台的信任危机和倒闭预期，从而形成了 P2P 行业雪崩式的倒闭风潮。P2P 行业引发的社会问题，引起了各级监管部门的关注，为此国家和地方出台了许多整治措施，提倡 P2P 平台"良性退出"，一些地方金融监管部门甚至一刀切地取消所有的 P2P 平台运营。在监管部门的大力整治之下，P2P 行业风波到 2020 年才基本结束。在 P2P 行业的这轮从爆发式增长到爆发式倒闭的过程中，估计至少造成了 5 000 亿元的财富损失。[①]

1.2.3 Bitfinex 交易所的比特币（BTC）遭到黑客大规模盗窃

2016 年 8 月 2 日，著名的加密货币交易所 Bitfinex 发布公告，声称其交易系统出现了安全漏洞并宣布停止交易。真实情况是该交易所发生了比特币（BTC）被黑客窃取事件，被窃的比特币约 12 万个，当时相当于 4 亿多元。如果按 2020 年 12 月的价格计算，已经达到 70 亿元左右。可见这次金融科技安全事故导致的损失十分巨大。除了涉及被窃比特币的直接损失之外，这起事件还严重地打击了市场对比特币交易安全的信心，引发了对比特币的恐慌性抛售，导致比特币的市场价格下跌了 13%，使该事件导致的损失进一步扩大。

---

① https://www.zhihu.com/question/386342539/answer/1233668205。

从 Bitfinex 事后的调查结果来看，造成这次灾难性事件的主要原因是该交易所采用的热钱包技术存在漏洞。

比特币的存储与使用，都必须通过私密密钥，即私钥和地址来进行，这个私钥相当于银行存取纸质货币或转账时需要的密码。而地址，如同银行存款的账号，可以用来接收和取出比特币。与银行账号不同的是，比特币的地址不需要实名登记。因此，黑客如果只知道比特币的地址，不会发生任何风险，因为从地址上得不到任何客户的信息。

对于比特币来说，存储私钥和地址的介质，即所谓的钱包。如果这个钱包丢失或损坏了，就意味着用户的比特币也损失了。

比特币的钱包，分为冷钱包与热钱包。

冷钱包，也称离线钱包，指用冷储存技术来保存私钥和地址，一般是比特币大户为了保证安全性而使用的。这种钱包不连接网络，因此较为安全，一般不容易被窃取。这种钱包通过不联网的电脑随机生成私钥和地址（其安全性就在于此，其地址与私钥都是离线生成的，即便网络被黑客侵入，黑客也仍然无法得到比特币私钥），而且在使用时，仍然不连接互联网，只能通过 U 盘或二维码发送交易指令的电子签名。其实，为了提高安全性，还有许多冷钱包的变种，如所谓的"纸钱包"，即把私钥和地址打印在纸上保存，并且打印后还要把电脑上的钱包彻底删除，从而实现钱包与网络的绝对分离。还有更为安全的"脑袋钱包"，用户只是把私钥和地址记在自己的大脑中，不使用任何外部的存储介质。

冷钱包是较为安全的。但由于冷钱包不联网，使用并不方便，因此还存在另一种钱包——热钱包。

出现热钱包的一个重要原因是比特币无法存入通常的银行账户，所有的比特币交易，都只能在比特币网络上进行。因此，用户在使用比特币进行交易时，必须拥有其客户端，如电脑或手机，而且，其客户端必须联网才能进行交易。而冷钱包由于处于离网状态，无法直接使用，因此又出现了热钱包。

热钱包，也叫在线钱包或线上钱包。热钱包可以让用户使用电脑和手机等设备进行比特币交易，非常方便，用户们每日进行交易时使用的就是热钱包。但由于热钱包是在线的，用户的私钥处于网络可通达状态，于是黑客就有了盗取这些私钥的机会，因此，热钱包的安全性远不如冷钱包。

为了提高热钱包的安全性，Bitfinex 交易所使用了多重签名技术，而一般的交易所则大多使用"单签名"，不仅如此，还需要 Bitfinex 交易所本身的"签名"，交易才能完成。这种多重签名的私钥，被分散在多个服务器中。因此，从安全性角度来看，Bitfinex 交易所的热钱包技术比一般的交易所要安全得多。然而，即使把私钥分散在如此多的服务器上，这些私钥仍然被全部盗窃，可见比特币网络的安全问题有多么严重。实际上，Bitfinex 并不是第一家被黑客盗窃的交易所。在比特币发展的早期阶段，日本的门头沟（MT. Gox）交易所曾经是世界上最大的比特币交易中心，其比特币交易量占全世界比特币交易量的80%。然而，该交易所的比特币于2014 年 2 月被盗，直接导致了该交易所的倒闭。

1.3 本书研究的主要内容

本书研究的主要内容包括：

（1）对网络借贷企业的风险爆发机理进行实证研究。

我国的网络借贷行业大规模地爆发风险，曾经引起了广泛的研究，有不少学者都将其归咎于 P2P 平台"信用中介"的错误定位，提出只要 P2P 平台从"信用中介"回归到"信息中介"，平台就可能可以避免风险。但问题在于，传统的银行也是信用中介，银行通过自身的信用担保，把储户的资金以存款的形式吸收进来，然后再以贷款的形式提供资金给用户。银行在吸收储户存款时，对储户承诺了保本保息。储户能够放心地把钱存入银行来分享银行贷款所得到的利息，依靠的正是银行的信用中介作用。因此人们常说：信用中介职能是商业银行最基本最能反映其活动特征的职能。那么为何传统商业银行一直在做的事，换到 P2P 平台就不行了呢？实际上，有许多学者都提出了客户的信任对 P2P 平台的重要性，Kwang-Ho Lee、Lee、Parguel 等的研究都认为，信任是 P2P 平台成功的基础。[15—17]本书通过大量客观数据的实证发现，P2P 行业风险爆发的原因，并不在于"信用中介"的定位，而在于风险形成与传播的一个重要机理——引信效应。引信效应机理很好地解释了网络借贷作为新兴的金融科技行业之一，为什么其风险爆发会变得一发不可收拾。

（2）对以计算机为代表的人工智能技术在防范金融科技企业风险中的作用进行了研究。

对于金融科技企业来说，有一个独特的问题，那就是对科学技术的大量使用，到底是增加了企业风险还是减少了企业风险？从当前的研究结果来看，科学技术的使用会增加企业风险的说法占主导地位。比如，Demertzis 等认为，金融科技企业风险其实是技术风险和金融风险相叠加形成的新型风险，其危害巨大。[7]技术的应用虽然能够增加新的风险——技术风险，但技术也能增加新的治理风险的手段——监管科技。同时，科学技术的快捷与自动化的特点能为企业减少人工操作中的无意失误和有意作弊的道德风险。因此，本书认为，应当重视科学技术在防范金融科技企业风险中的作用。为此，本书专门介绍了防范金融科技风险的科学技术手段，针对不同的金融科技风险，指出应用的技术和原理。

（3）专门研究了制度接口设计在金融科技风险防范中的作用。

管理制度在金融科技风险防范中的作用一直是人们研究的热点。比如，张俊生等提出作为对上市公司的监管手段之一的交易所年报问询函制度，可以有效地降低相关企业股价崩盘的风险。[18]由于企业规模对企业内部管理制度的完善性有一定的影响，因此许多学者从企业规模的角度来研究企业内部管理制度对风险的影响。比如，黄隽等指出从对美国的商业银行的实证分析结果来看，规模越大的银行其破产风险越高。[19]但是，也有许多研究得出了相反的结论，认为公司越大则风险越小。[20]此外，还有许多学者通过实证发现企业内部的制度建设能够降低企业的风险。比如，吴超鹏等指出作为一种投资管理制度相对完善的企业——风险投资企业能够提高上市公司的投资效率。[21]李善民等提出这是因为风险资本能够对所投资的企业起到"替代性制度安排"的作用，[22]但也有一些研究发现许多制度因素会增加企业风险，如CFO期权激励制度会导致股价崩盘风险等[23]。

本书重点研究制度的环境接口对金融科技风险的影响。在这方面其实已存在不少的研究。比如，夏立军等专门研究了地区的治理环境对公司经营效率的影响[24]；吕朝凤等提出市场供求信号会随着地区市场化程度的提高变得更加明显[25]，从而降低了企业的决策成本。本书在制度接口设计方面，专门研究了制度—文化接口设计与制度—制度接口设计的问题，并且阐述了制度—制度接口设计的博弈原理。

（4）整合上述研究中得到的创新成果，进一步提出系统化的针对巴塞尔协议Ⅱ提出的三大风险（操作风险、市场风险、信用风险）相应的风险防范策略与措施方面的建议。

比如，针对操作风险、市场风险、信用风险的不同特点，结合金融科技企业风险爆发与传播的条件与特点，企业和政府需要密切关注哪些因素和需要采取哪些风险防范措施等。

从本书所涉及的科学方法来说，主要有如下考虑：

在对于金融科技企业的风险爆发机理的实证研究方面，由于风险传播与扩散主要以时间序列为主线，即随着时间的展开风险渐渐蔓延，因此使用时间序列数据，采用ARIMAX模型①（自回归移动平均模型，Autoregressive integrated moving average model）分析方法，对金融科技企业爆雷风险的传播过程进行实证分析。采用这种模型的原因在于，时间序列数据多存在序列相关，一般的OLS多元回归模型（即最小二乘法回归模型）的回归参数的有效性容易受到破坏，统计量检验也常常无效，OLS通常也不再最优线性无偏估计量（BLUE）。尽管可以使用序

---

① 其中，AR指自回归；I指差分；MA指移动平均线；X指带有自变量。

列相关标准误来部分解决这个问题，但由于序列相关标准误（SC-稳健标准误）都比 OLS 标准误大，因此其效率仍然比较低。而 ARIMAX 模型，通过对变量充分地增加自回归滞后和残差的移动平均滞后，使模型达到动态完备模型（Dynamically complete model），从而不仅使回归的残差实现了序列无关，还达到了白噪声这一完美性质。因此，对于时间序列数据来说，ARIMAX 模型的回归结果比一般的 OLS 回归更加可靠。

本书所涉及的研究方法有一个突出的特点，即全部采用企业经营过程中自然产生的客观数据，不使用调查问卷等这类容易产生掩饰效应偏差的数据，以保证研究的客观性和结论的可靠性和真实性。此外，本书采用的是大数据集，其时间序列数据达 19 万 7 千多条。根据统计学理论，大数据统计回归的可靠性要好得多。

在大数据集的基础上，所有变量全部由计算机程序自动进行赋值，不采用人工赋值，以防止人为错误和偏差，保证数据的客观性和真实性。

此外，在防范风险的制度接口设计方面，本书采用了能够既反映企业员工的理性行为又反映其非理性行为的演化博弈，以便能够得到更为实用和有效的制度参数模型。而当前广泛使用的非合作博弈，则由于以人的完全理性行为假设为主，不反映也不考虑非理性行为，因此在实用性方面存在较大的局限性。演化博弈反映人的行为特点相对全面而准确，特别是其博弈均衡的稳定点理论，在制度设计中具有良好的适用性。因此，本书在制度接口设计模型的研究过程中，采用了演化博弈方法进行分析。

1.4　主要研究进展

本书在金融科技企业风险研究方面的边际贡献，即在前人基础上取得的研究进展，归纳起来有如下四点：

其一，通过对网络借贷企业风险爆发过程的时间序列数据采用自回归移动平均模型（ARIMAX 模型）回归分析，发现并证实了存在一种沿着企业的"资质链"由弱到强的风险扩散机理，本书将其命名为"引信效应"。引信效应的发现，说明了人们一度认为的导致了网络借贷业务风险的"增信服务"，其实只是一种直接原因。而风险真正的和根本的原因，在于网络借贷企业的资质参差不齐，并且普遍低于传统商业银行的资质。这一发现的意义在于：指明了金融科技业务的进入门槛不应过低，否则就会由于信用风险的传染性而导致整体的行业性风险。这一研究结果对于如何在大力促进金融科技等新兴行业发展的同时避免风险积累，以保证社会与经济的稳定发展，具有一定的参考价值。

其二，针对巴塞尔协议 Ⅱ 提出的金融科技企业的三种主要风险（操作风险、市场风险、信用风险），提出通过加强制度接口设计，从根本上杜绝风险苗头。显然，这一研究结果对于企业在不增加额外资源的情况下取得风险防范的最大效果，具有一定的参考价值。

其三，提出了以计算机为代表的人工智能技术在防范金融科技企业风险中的重要作用。传统的企业风险防范研究，主要从制度和策略的角度进行讨论，很少涉及技术设备的作用。而本书则以制度工程学的理论为指导，指出科学技术设备在本质上是制度的延伸，实际上也是制度—设备接口，其在保证金融科技企业风险防范制度的效果方面，发挥着重要的作用。因此，专门对以计算机为代表的人工智能技术在防范风险中的作用进行了讨论。本书指出，科学技术设备一方面可以消除人为差错和员工的道德风险，另一方面可以直接用于对风险的预警、防范和调查追踪。

其四，通过整合本书前面所述的研究成果，提出了金融科技企业风险的制度与设备综合防范策略。即采用制度接口设计和加强对科学技术的应用两方面来防范风险。比如，对于操作风险，应当依靠科学技术来识别和预警，同时，也需要通过加强风险管理制度设计来预防。对于市场风险，则应当重视对市场上的各种信息使用自动筛选和发现技术，以便科学地制定发展战略，把握正确的市场方向，最大限度地减少战略失误，避免遭遇市场风险。对于信用风险，主要需要关注风险传染与引信效应，防止造成信用风险大面积蔓延和危及自身企业。这种应对风险的制度与设备综合防范策略的意义在于，能够使金融科技企业在资源有限的情况下，取得风险防范效果的最大化。

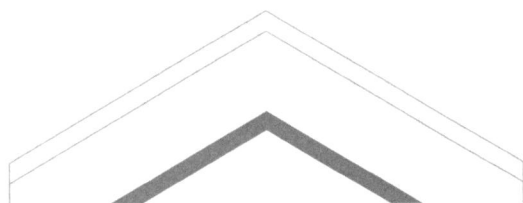

第 2 章

当前研究中的
金融科技风险理论

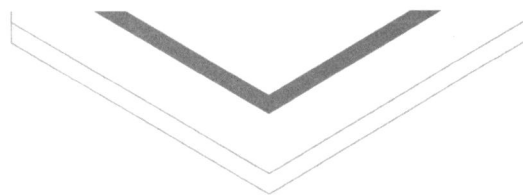

2.1　金融科技概念的二维结构理论

对于金融科技方面的研究，目前主要集中于网络借贷、股权众筹、移动支付等。[1]Demertzis 等认为，从本质上讲，金融科技其实就是新商业模式与新技术的结合，并将对银行等传统金融中介系统产生极大的冲击。[7]

关于金融科技概念，皮天雷等提出，金融科技概念的内涵与外延（包括范围）具有二维结构，一是科学技术维度，二是金融业务维度，两个维度的组合，就产生了各种不同种类的金融科技业务，如表 2 - 1 所示。

表 2 - 1　皮天雷等提出的金融科技的二维结构[26]

		业务模式			
		支付结算	存贷款及资本筹集	投资管理	市场设施
技术支持	互联网	移动钱包	网络借贷（P2P）平台	线上理财、电子交易	跨行业通用服务
	大数据	点对点汇款	信用评分、贷款清收	大数据风控	多维数据收集
	人工智能	智能支付系统	智能投资型众筹	智能投顾	多维数据处理
	区块链	跨境支付、数字货币	分布式清算机制	区块链股权管理	分布式记账

2.2 金融科技发展的四阶段理论

从传统的金融业态来看，银行等金融中介为什么会存在？目前较普遍的观点是，金融中介存在的原因，主要是它能够降低交易成本和信息成本，并实现交易监督。[27]

如今，随着社会经济的发展，金融交易量激增，产生了大量的金融实时数据。在这种情况下，金融科技由于其"金融＋科技"的特点，在降低交易成本和信息成本方面比传统的金融业态更有优势。因此，社会的需求为金融科技的发展提供了坚实的基础，尤其是人工智能等技术，不仅节省了大量人力（这在人力成本大幅度上升的现代社会是相当重要的优势），而且其高速甚至实时处理信息的能力使其显示出巨大的优势，并且能够突破空间的限制，极大地方便了金融交易。在这种情况下，不仅仅是新生的金融科技业态蓬勃发展，甚至连传统的金融业态（如银行）等也在发展金融科技业务或者使用金融科技技术。

金融中介的最核心功能是为商品交换提供货币支付服务。在这方面，金融科技取得了突飞猛进的进步，第三方支付已经成为一个强大的支付体系，足以与传统支付体系中的银行相抗衡。同时，网络借贷平台也使投融资体系发生了巨大的变革，彻底突破了传统金融所面临的空间限制。甚至有学者发现，在金融科技与传统的金融机构如银行之间，人们更愿意使用金融科技方面的服务，以享受其便捷性。[28]

由于金融科技采用大量的人工智能技术，从而大幅度地降低服务成本，其服务对象更为广泛，特别是那些被传统金融体系排除在外的"长尾客户"或者说低端客户。比如，网络借贷平台和智能投顾的服务更加"大众化"，满足了那些平时难以得到传统金融服务的客户们的金融需求。

科学技术的飞速进步是金融科技发展的重要条件。有学者发现，如果失去科技进步的支持，传统的金融机构如银行等无论如何重组整合，也无法从根本上改变其原本的服务模式。[29]而金融科技企业则不同，从一开始就是以新业态的面目出现，带来的是高速高效无空间限制的全新服务，从而展现了巨大的优势。实际上，金融科技不仅仅本身具有强大的生命力，也对传统的金融体系造成了巨大的冲击，导致传统的金融体系也在发生革命性的变革，甚至可以说，金融科技对传统金融体系的冲击是颠覆性的。[30]

在社会需求与技术进步的双重推动下，金融科技的发展极为迅速，王雯等认为金融科技发展已经至少经历了四代，如表 2 - 2 所示。

表 2 - 2　王雯等提出的金融科技发展的四个阶段[31]

	1.0 金融电子化	2.0 产品创新	3.0 金融智能化	4.0 货币革新
主要业态	移动金融、电子票据、ATM	P2P、第三方支付	大数据风控、智能投顾、量化交易	基于区块链的清结算系统、数字货币
驱动技术	计算机软件	互联网移动支付	大数据、云计算、人工智能	数字货币
代表公司	Bankrate	Paypal	Betterment、Wealthfront	R3 联盟、Nasdag - ling

2.3　金融科技风险的监管滞后论

金融科技的本质是科学技术推动的金融服务模式创新，这意味着各类金融科技业务都是前所未有的。因此，无论是宏观监管部门还是金融科技企业的管理者，对于提供金融科技服务的企业会出现哪些风险，如何防范这些风险，都毫无经验可言。因此，对金融科技企业风险的研究，就成为当下热门主题。比如，Serena G. 在《科技平台：宽松还是谨慎地对借款者进行筛选？》（*FinTech platforms：Lax or careful borrowers' screening*？）一文中对网络借贷平台预防信用风险的策略进行了研究。[32]在金融科技企业风险研究中，较为受关注的是，如何防止由个别金融科技企业引发行业性的系统性风险。[33][34]许多学者发现，随着金融科技的发展，我国金融业的风险水平明显上升。[6,35-37]方意等在《金融科技领域的系统性风险》一文中，重点分析了金融科技的三个重要领域：网络借贷、人工智能（AI）技术、数字货币，并指出：P2P 业务风险会在行业内放大，并会使风险溢出到传统金融领域；人工智能会导致投资的合成谬误，加剧风险；数字货币一旦发生风险，救助难度会很大。[2]许多学者指出，由于金融科技在本质上仍然是金融服务，但与传统的金融服务相比，又具有网络化的特征，因此金融科技企业一旦发生风险，便会在行业内迅速传播和扩大，导致大范围的风险爆发，如网络借贷行业就曾经爆发大规模的风险。[2]方意等把信用危机引发金融机构破产的过程称为"加速器机制"。[38]此外，对于去中心化的数字货币，一旦发生风险也很难控制。[39]李继尊提出监管体制跟不上金融科技发展速度是导致金融科技企业风险的重要原因。[40]许多学者也持类似的观点，认为金融创新在提高金融服务效率、降低成本的同时，会导致风险积累，如果风险控制不当，甚至会引发金融危机。[41][42]其中，尤其一些金融衍生品的创新，更是导致金融风险的重要原因。[43]有的学者甚至认为金融创新与风险具有正相关关系。[44]

2.4　金融科技企业风险研究的主要方面

2.4.1　关于操作风险的研究

巴塞尔协议 II 提出，金融类企业的风险主要有操作风险、市场风险与信用风险三大类风险。[13][14]

根据巴塞尔协议Ⅱ，操作风险是指"由有问题的内部程序或人员及系统或外部事件所造成损失的风险"。[45]王宗润等也支持这一观点。[46]因此，操作风险的特点是发生频率高，并且多与企业内部管理制度和文化不完善有关。银行等一些金融机构，为了防止操作风险引起破产，通常会备用一些"风险备用金"来对冲风险。

对于操作风险的研究，主要集中在两个方面：一是引起操作风险的原因的研究，其研究目的是为防止和减少操作风险提供管理依据；二是操作风险的计算方法的研究，这种计算方法主要是用来估计银行等金融企业的"操作风险的资本要求"（所需要的最低操作风险备用金），以防在发生操作风险时出现破产等情况。

对于引起操作风险的主要原因，王晓春认为制度不完善导致的激励不足进而引起的道德风险，是产生操作风险的主要原因。[47]此外，还有大量的关于操作风险的预警机制等方面的研究。[48-55]

对于操作风险的计算方法，目前主要以预判其可能的损失大小及概率为出发点，以便确定"风险准备资本"的数额。主要有两类操作风险计算方法，一类是对金融机构的总收入乘上一个小于1的"风险系数"，以此来估计金融机构所需要的操作风险资本要求，这种方法往往会导致"总收入越高，风险越大"的偏差。另一类则是所谓的高级计量法，以历史上的风险事件数据来估计其概率分布，进而确定风险准备资本数额。巴塞尔协议Ⅱ共提出三种操作风险的计算方法，即两种以金融机构总收入为基础的操作风险度量方法和一种高级计量法[45]，巴塞尔协议Ⅲ又作出进一步的改进，把三种方法统一为以金融机构业务规模为基础的计算方法，以解决原有度量方法导致的"金融机构规模越大，风险越高"的偏颇倾向。[56]

在巴塞尔协议Ⅱ提出的三种计算方法中，高级计量法由于科学性强，风险敏感性好，因此受到各国学者的重视。[57-82]

2.4.2　关于市场风险的研究

市场风险是指由于企业的产品、服务、原料、设备等的市场价格变动带来损失的风险，以及由利率和汇率等变动给企业带来损失的风险。市场风险的主要原因通常是市场上供求关系的变化。与操作风险和信用风险相比，市场风险通常具有一定的周期性和趋势性，因此是属于相对容易预测的一类风险。

市场风险的一个重要特点是与信息传播关系密切。在市场上，一些与供求关系相关的信息的快速传播往往会带来相关产品市场价格的波动，因此有许多学者研究市场信息对市场风险的影响。[83]

市场风险的其中一个重要特点是与行业内的竞争或市场管制有关。徐璐与叶光亮（2018）认为，银行之间的自由竞争可以减少银行业中的垄断现象，引起贷款利率下跌，从而减少需要融资的企业所面临的市场风险。[84]但郭琪与彭江波（2015）认为，过快的利率市场化会增加企业的市场风险，因此在市场管制方面的改革不应操之过急。[85]

市场风险还有一个重要特点，即容易受市场结构的影响。比如，易祯与朱超发现，金融领域的市场风险往往与人口结构有关。[86]

2.4.3　关于信用风险的研究

信用风险是指交易中出现违约行为（到期不能履行合同约定事项等）造成损失的风险，因此也被称为违约风险。王贞洁等指出，信用风险的一个重要特点是它具有高传染性。[87]实际上，本书的实证研究可以看出，正是信用风险的这种高传染性，造成了引信效应（见本书第 3 章），导致金融科技行业中的 P2P 平台爆发了行业性风险。

信用风险的其中一个特点是它相对难以控制。操作风险等由于与企业内部管理制度建设密切相关，从而比较容易控制。但信用风险多与企业外部因素相关，因此较难预测与控制。

信用风险还有一个特点，是具有"市场价格"。比如，为了平抑信用风险，目前在国际上，金融机构通常可以购买信用违约互换（Credit default swap）等信用风险转移产品来实现风险对冲。但孔丹凤等通过实证研究发现，这些信用风险转移产品仅仅在经济正常时期有意义，而在金融危机时期反而会加剧系统性风险。[88]此外，企业融资时发行的债券等信用产品，其融资成本也与企业的信用相关。从原理上来说，企业的信用等级越高，其融资成本越低（企业债券利率较低），反之，则融资成本较高（企业债券的利率较高）。因此，与操作风险和市场风险相比，信用风险具有市场价格是一大特点。因此，存在许多企业信用风险价格方面的研究。比如孙会霞等发现，我国的银行对企业信用风险的定价能力较为有限。[89]纪志宏等也发现，与具有成熟市场的国家情况不同，我国企业的信用风险定价，目前尚难以随着企业信用情况而灵敏地变化，而是主要取决于市场的流动性。[90]显然，这是一个需要改变的局面，因为企业的信用风险如果能够灵敏地在其"市场价格"中得到反映，那些信用风险较低的企业就会得到市场的支持，从而实现有益的市场调节作用。

2.5   关于影响金融科技企业风险的因素的研究

2.5.1   关于金融科技企业的技术风险的争论

对于金融科技企业来说，有个独特的问题，就是对科学技术的大量使用，到底是增加了企业风险还是减少了企业风险？

Demertzis 等认为，金融科技企业风险其实就是技术风险和金融风险相叠加形成的。[7]杨东提出，金融科技企业风险主要是数据风险与信息安全风险。[4]因此数据泄露等是金融科技企业容易遭受的风险。[26]从当前研究现状来看，技术风险是金融科技企业的重要风险这一观点有一定的普遍性。[10,91-94]

关于技术风险产生的原因，有学者指出，由于具有人工智能技术的商业软件被大量使用，许多投资者往往都使用同一款智能分析软件来指导交易，导致大家不约而同地同时买入或者同时卖出，从而形成了"合成谬误"，加大了市场波动的顺周期性，增加了市场风险。[2]亦有学者认为，"长尾效应"是导致金融科技企业风险的主要原因。[93]还有学者指出，技术漏洞、过于依赖数据的可靠性，都会导致风险。[95]此外，也有学者（如 Stefan，Ibrahim）认为，金融科技产品创新通常比监管科技发展得更快，同时也是导致金融科技企业技术风险的主要原因。[9]

但也有大量的研究结果证明科学技术在金融服务中的应用能够降低风险。Sovan 和 Andreas 发现，金融科技的应用能够降低企业的操作风险。[96]Pradeep 等通过对阿拉伯联合酋长国的 76 家银行（阿联酋为全球 200 多个国家和地区的人士提供金融服务）的回归分析发现，金融科技的应用能够使银行的运营状态大为改善。[97]Moel 和 Tufano 的研究也发现，科学技术会使企业风险降低。[98]我国亦有学者持相同的观点，认为金融科技能够改善商业银行的风险承受能力[99]，其原因在于金融科技中的人工智能和大数据等技术，可以在一定程度上减少信息不对称问题[100]，从而降低了商业银行的信用风险。

许多学者还研究了金融科技在减少道德风险方面的作用。道德风险一直是金融领域特别是在证券市场中存在的重要风险。比如，有研究发现，一些证券分析师为了与上市公司保持良好的关系，通常会对上市公司的前景给出过于乐观的预测[101]，这就是所谓的"分析师偏误"[102]。Mola 与 Guidolin 发现，凡是机构重仓的股票，分析师们对其的研究报告结论往往都是乐观的。[103]邵新建等甚至发现，为了获得较高的承销佣金，分析师们往往有意识地高估新股的上市价格。[104]Firth 等利用中国的证券市场数据，甚至得到了一种"分析师偏误的线性模型"：机构持股比例越大，分析师对该股票价格越是高估。[105]

有研究发现金融科技能够降低这种由分析师偏误导致的金融市场风险。丁娜等[1]的研究表明，由于金融科技平台具有金融信息服务功能，分析师们那些偏颇的研究报告对市场的影响大为降低，这就是金融科技平台对错误信息的"替代效应"。对于这个问题，还有学者提出"补充效应"理论，即由于金融科技平台的金融信息服务功能，分析师们越来越难于刻意回避上市公司的负面信息。[106]显然，科学技术在金融领域的这些应用，都明显地稳定了金融市场，减少了风险。

综上所述，对于金融科技企业中应用科学技术是否会显著地增加风险，当前是存在较大争议的。不过可以确定的是，科学技术在防范金融科技风险方面具有重要的作用。因此，本书将专门讨论科学技术在防范金融科技风险方面的重要意义，以及有哪些科学技术可以应用于金融科技风险防范方面。

2.5.2　关于监管政策与金融科技企业风险的关系的争论

从其本意来说，政府部门出台对行业的监管政策，其目标无疑是保护企业及其客户的利益，因此其应当是能减少风险的。然而，监管政策的出台，真的都能减少企业风险吗？

事实上，对于监管政策的作用，在学界是存在争论的。其中比较有代表性的有"市场失灵说"和"监管失灵说"。"市场失灵说"认为，市场本身就会自发地产生各种风险，因此政府部门的监管对于减少风险具有重要的意义。而"监管失灵说"则认为，政府经常会制定错误的监管政策，世界各国普遍存在着"监管俘获"和"监管滞后"现象，因此有许多监管政策不仅不能降低风险，甚至还会增加风险，这就是企业经营中的"政策风险"一说的由来。

有一些研究支持"市场失灵说"。比如，张俊生等发现，作为对上市公司的监管手段之一的交易所年报问询函，可以有效地降低相关企业股价崩盘的风险。[18]还有学者发现，只要提高监管强度，就可以有效地实现监管要求。[108]潘敏、魏海瑞提出，根据实证结果，管理层的监管强度与企业风险水平存在负相关的关系，对于那些大型银行企业来说，这种关系最为明显。[109]

但也有一些研究支持"监管失灵说"。有学者指出，不恰当的监管会造成一种独特类型的风险——政策风险。这种政策风险对企业的打击往往是巨大的。比如在网络借贷平台的整顿过程中，一些网络借贷平台企业甚至直接被地方监管部门"限期清退"。[110]有些学者通过实证发现，某些金融科技监管政策并没有起到降低风险的作用。[111]

由上述可见，监管政策对金融科技企业风险的影响到底如何，或者说什么样的监管政策能够降低金融科技企业的风险，尚需进一步研究。

2.5.3　关于金融科技企业规模与风险的关系的争论

到底是规模大的金融科技企业的风险大还是规模小的金融科技企业的风险大？这是一个目前仍然存在争议的问题。

有国外学者发现，一些大银行的经营者存在自己企业"太大不能倒"的自满思想，认为社会和政府都会在自身企业遇到风险时伸出援手，从而忽视风险管理，导致大企业的风险较高。[112]黄隽和章艳红指出，通过对美国商业银行的实证分析，的确是银行的规模越大，其破产风险越高。[19]Altunbas 对 16 个国家的 643 家银行进行回归分析，也发现银行风险与其资产规模是正相关的。[113]还有学者发现，凡是金融机构都有规模越大风险越高的特点。[114]

但是，也有许多研究得出了相反的结论。就银行业领域而言，有学者对中国的上市商业银行进行实证研究，发现与欧美银行业完全不同，随着银行的规模越来越大，银行的经营风险、系统风险、非系统风险均会变得越来越小。[115][116]还有学者对一般的上市公司规模与风险的关系进行了研究，发现公司的规模越大，其违约风险越小。[117]亦有学者通过公司融资利率的高低来估计其风险的大小，这是因为根据融资的风险与收益的对等原则，风险越大的公司，其融资利率越高。结果发现，公司的规模越大，其债券融资利率越低，这说明公司越大则风险越小。[20]

2.5.4　金融科技企业内部管理制度对风险的影响

企业内部的制度建设对企业风险有影响吗？许多学者从各种具体的制度因素

对企业风险的影响进行研究。

比如，梁权熙和曾海舰提出，独立董事制度能够使上市公司股价崩盘风险降低。[118]一些公司实施了高管责任保险制度，产生了良好的"激励改善"效应，这在创新占主导的高科技企业中最为明显[119]，并且由于额外增加了外部监督者——保险公司，其股价崩盘风险更小。[120]

再比如，从各种类型的公司内部管理制度差异的角度来观察，吴超鹏等指出，作为一种投资管理制度相对完善的企业——风险投资企业能够提高上市公司的投资效率。[21]其他许多学者也持类似的观点。[121][122]李善民等提出，这是因为风险资本能够对所投资的企业起到"替代性制度安排"的作用[22]，风险资本参控股，在实际上起到了优化董事会职能的作用[123]，并且能够促进企业进行长期投资[124]，改善企业的信息披露质量与审计师报告的稳健性。

但亦有一些研究发现许多制度因素会增加企业风险，如 CFO 期权激励制度[23]、高管津贴制度等[125]，都会导致股价崩盘风险的上升。

金融科技企业内部的管理制度，在实际上就是国家宏观金融科技风险管理制度的一个制度—制度接口。这种制度—制度接口的设计，对于保障宏观金融科技风险管理制度的有效性是相当重要的，本书将对其进行专门的研究。

2.5.5　地区的市场化程度对金融科技企业风险的影响

目前有大量的关于地区市场化程度对企业经营效率影响的研究。夏立军和方轶强对地区的治理环境对公司经营效率的影响进行了研究。[24]吕朝凤和朱丹丹提出，随着地区市场化程度的提高，市场供求信号会变得更加明显[25]，从而减少了企业搜寻市场信息的成本，降低了企业的经营决策成本。

但是，地区的市场化程度会影响企业风险吗？如果有影响的话，那么随着地区市场化程度提高，企业的经营风险是增大还是减少？目前这方面的研究一是相对较少，二是即使有一些研究，但目前仍然存在争议。比如，罗进辉和杜兴强提出，制度环境较为完善的地区，上市公司股价崩盘风险要小一些[126]，但另一些学者发现，制度环境对股价崩盘并没有影响[127]。

这个问题，实际上也是一种制度—制度接口问题，只是这是金融科技企业中的风险管理制度与市场中的制度环境之间的接口。

2.6　关于网络借贷平台风险爆发原因的研究

2.6.1　关于 P2P 行业风险的市场因素的研究

根据巴塞尔银行监管委员会和金融稳定理事会等国际金融组织对金融科技的定义，以及丁娜等的研究[1]，网络借贷平台企业是金融科技企业的一个重要类型。从发展过程来看，我国与美国的 P2P 平台都曾经出现了行业性的大规模风险爆发，这引起了大量中外学者的重视和研究，对于引起 P2P 平台风险爆发的原因，给出了许多解释。

比如，Yeujun Yoon 等发现，如果市场竞争过于激烈，就会引起 P2P 平台出现高风险行为，导致风险爆发。[128] 廖理等则提出了非完全市场化利率会给 P2P 平台带来风险。[129] 李悦雷等对中国 P2P 平台小额贷款市场借贷成功率的影响因素进行了分析。[130]

2.6.2　关于 P2P 平台的信用风险与信息不对称方面的研究

许多学者认为，引起 P2P 平台爆雷的主要因素是信用风险，因此，Emekter 等[131] 以及封思贤、那晋领等都对 P2P 平台信用风险的评估与识别问题进行了研究[132]，杨立等研究了 P2P 平台信用风险的缓释机制[133]。

与信用风险密切相关的是信息不对称问题，因为信息不对称会导致 P2P 平台无法充分地了解客户的资质，从而引发大量的信用风险。Riggins 与 Weber 研究了 P2P 平台中信息不对称对风险的影响。[134] 进一步地，有许多学者着重研究如何根据借款人信息来判断其违约概率的问题，如 Lin Mingfeng 等研究了对 P2P 平台借款人的判断方法和客户中存在的逆向选择问题。[135] 此外，还有相当多的学者研究了如何利用 P2P 平台用户的"软信息"（即用户在进行借款申请时上传的各种描述信息）来评估和预测他们违约的可能性。[136-138]

2.6.3　P2P 平台风险原因的"信用中介"说

关于 P2P 平台风险的来源，有不少学者都将其归咎为 P2P 平台"信用中介"的错误定位，认为只要 P2P 平台从"信用中介"回归到"信息中介"，平台就可能可以避免风险。[139] 持这种观点的学者往往把 P2P 平台的"信用中介"功能看作其金融服务功能的异化。[140] 这些学者提出，P2P 平台"信用中介"定位之所以会产生风险，是因为通过"信用中介"服务，P2P 平台把客户的违约风险变成了自身的违约风险，从而导致大量的坏账。[141]

2.6.4　"信用中介"是金融服务的重要职能

笔者认为，上述分析是有道理的。因为从我国的 P2P 平台风险爆发的直接原因来看，风险多数是客户违约甚至是恶意违约造成大量坏账导致的。如果这些 P2P 平台当初只是定位于"信息中介"服务而不是承担了客户违约风险的"信用中介"（指提供"增信服务"，如承诺"保本保息"等），那么这些坏账是可以避免的。

但问题在于，金融服务的一个重要内容，就是"信用中介"服务，甚至可以说这是金融服务机构最基本的功能之一。虽然金融科技在本质上也是金融服务（只是在金融服务中增加了高技术保证，是"金融+科技"的创新产品而已），但是为什么金融科技不能开展这类服务呢？如果说现阶段我国 P2P 平台不宜开展"信用中介"服务，那么"信用中介"服务肯定只是导致风险的一个表面因素，背后一定还有着更深层次的根本原因，那么这个根本原因是什么呢？

如前所述，在传统的金融服务领域，商业银行在本质上恰恰就是信用中介，银行通过自身的信用担保，把储户的资金以存款的形式吸收进来，然后再以贷款的形式提供资金给用户。银行在吸收储户存款时，对储户承诺了保本保息。储户能够放心地把钱存入银行来分享银行贷款所得到的利息，依靠的正是银行的信用中介作用。因此人们常说：信用中介职能是商业银行的最基本职能。那么为何传统商业银行一直在做的事，换到 P2P 平台就不行了呢？

实际上，有许多学者都提出了客户的信任对 P2P 平台的重要性，如果 P2P 平台不进行增信服务（如 P2P 平台不能在可信的水平上对出借资金承诺保本保息，甚至公开宣称"损失概不负责"、没有建立起良好的信誉形象、没有形成强大的财务实力、不能利用良好的政府背景和关系网络来增加客户的信任等），那么客户对 P2P 平台的信任程度就会大大降低，从而导致客户大量减少，进而影响 P2P平台的生存。Kwang – Ho Lee，Dong Hee Kim[15]、Lee 等[16]、Parguel 等[17]都指出，信任是 P2P 平台成功的基础。王秀为等认为，"网贷交易能够成功的条件是人们对平台的信任"。[142]Herzenstein 等[143]、Duarte 等[144]都提出，在 P2P 平台上，只有充分相信资金的安全性，资金出借人才会出借资金。

由于客户信任对于 P2P 平台成功运营具有非常重要的意义，因此有许多学者研究信任对客户借贷意愿的影响。比如，陈冬宇等从实证角度研究了信任和出借意愿的关系。[145][146]

实际上，信任是整个社会经济活动的根基，张维迎、柯荣住曾经专门研究信任在社会经济活动中的重要地位。[147]

2.6.5　P2P 平台爆发风险的深层原因——引信效应

信任在经济活动中如此重要，传统商业银行与 P2P 平台都存在增信行为，但何以商业银行安然无恙而 P2P 平台大规模爆雷？这个巨大的差别显然不是单纯的"开展了增信服务"这么简单的原因造成的。实际上，传统商业银行与 P2P 平台最大的不同，是传统商业银行的监管很严格，进入门槛很高。我国采取的"金融许可证制度"和商业银行法等规章,对银行业企业设立了很高的进入门槛:全国性商业银行最低注册资本为 10 亿元;民营银行的注册资本介于 20 亿至 40 亿元之间;要求最低的城市商业银行,注册资本也要不少于 1 亿元。

而我国的 P2P 平台的进入门槛很低,P2P 平台只是作为一般公司管理。根据网贷之家网站上的数据,某 P2P 平台的注册资本仅为 3 万元!如此低的资质,竟然也做起了全国范围的网络借贷业务。可见,大量资质差的企业进入 P2P 行业,这才是真正的风险源头,也是 P2P 平台与传统商业银行最大的区别。

实际上,本书随后的统计结果也表明,P2P 行业的大规模爆雷,并不是由增信服务开始的,而是沿着 P2P 平台的综合资质由弱到强的"资质链"顺序展开的。即在整个 P2P 行业中,抵抗风险能力较弱(即资质较差)的企业(通常是小企业或者有风险缺陷的企业)先出现风险事件而爆雷,进而危及同类企业的市场形象,导致在业务中与之有来往的企业或个人采取过度的自我保护(对于 P2P 行业来说,自我保护行为包括了减少投资、提前支取投资额甚至出现挤兑)的羊群行为,从而导致 P2P 平台的无谓成本[148]上升(如为了吸引投资者而大幅提高利率,承诺保本保息,从而由 P2P 平台承担了借款人违约风险等),恶化了行业的经营环境,导致抗风险能力较弱的其他 P2P 平台进一步爆雷。如此反复,使爆雷由最初的资质最差的平台渐渐向那些资质较好的平台蔓延,形成沿着资质水平由低到高链式风险展现过程,从而危及了整个网络借贷行业。

这种沿着企业资质链展现风险的过程,本书将之命名为"引信效应"。这是因为这个过程与引信引爆炸药的过程十分相似:引信易爆但破坏力小,炸药破坏力大但不易引爆。只有引信先被引爆,然后再把炸药引爆,才会形成很大的破坏力。低资质企业好比引信,容易出现危机但对行业破坏力较小;高资质企业如同炸药,不容易出现危机但一旦出现危机,则对行业的破坏力巨大。因此,整个行业出现危机的过程是:行业内的低资质企业先出现危机,然后将风险传递给高资质企业,从而形成全行业的危机。

2.7　本章小结

综上所述，由于金融科技是伴随着科学技术发展而出现的新兴服务领域，因此其"金融＋科技"的特点导致人们对金融科技企业风险的强烈关注。根据巴塞尔协议 Ⅱ，金融科技类企业主要存在三种主要的风险，即操作风险、市场风险和信用风险。三种风险具有不同的特点。比如，操作风险主要由企业内部的缺陷产生，因此通过制度建设等可以进行管控。市场风险则多由企业外部的市场信息、市场结构等因素引起，周期性强并且具有一定的趋势性，可通过加强信息搜寻来进行预测和采取预防措施。信用风险传染性强，但可以通过市场定价来进行平抑或对冲。由于这三类主要风险具有不同的特点和产生原因，因此可以有针对性地对它们采取不同的预防策略。

此外，由于金融科技出现的时间较短，许多问题还没有充分暴露。即使对于一些已经暴露的风险，人们对其产生的原因等也大多存在争论，如科学技术的大量应用究竟是会引起风险增加，还是由于其高度智能化和自动化消灭了大量的道德风险机会从而减少了风险；究竟什么样的监管政策能够有效地减少风险；到底是大型的金融科技企业风险大还是小型的金融科技企业风险大；金融科技企业内部管理制度的不同，究竟会对企业风险产生什么样的影响；各地区市场化程度的差异对金融科技企业风险有什么样的影响，等等。而这些争论都有必要开展进一步的研究。本书将专门对科学技术在防范金融科技风险中的作用，以及有哪些科学技术可以应用于金融科技风险防范中，进行专门的讨论。

对于一个重要的金融科技领域——曾经在我国发生大规模的行业性风险的网络借贷行业来说，目前许多研究都认为其风险的爆发源于其错误的"信用中介"定位。通过本章的初步分析可以看出，P2P 平台的信用中介定位其实只是风险爆发的一个表面因素，背后隐藏的真正原因是我国网络借贷行业中各企业资质较低导致的"引信效应"。本书将采用理论分析与时间序列分析相结合的 ARIMAX 模型实证方法进行深入研究，从而提出"引信效应"这一风险的爆发机理，并从实证角度证实该机理的客观存在。这些发现将为进一步制定金融科技企业的风险防范策略提供理论基础。

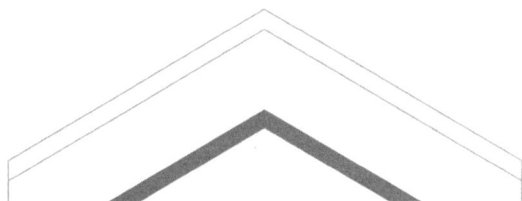

第 3 章

金融科技企业风险的
引信效应

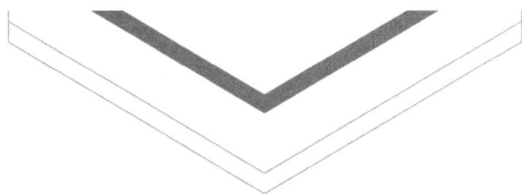

3.1　问题的提出

金融科技包括智能分析、智能投顾、支付清算、网络借贷服务。[12]在这四个金融科技的分支领域中，网络借贷的风险暴露得较为充分，特别是在中国，几乎对整个网络借贷行业形成了致命的打击。

因此，中国 P2P 行业的发展与问题暴露过程，是研究金融科技企业风险的宝贵素材。国内的 P2P 平台企业从 2007 年出现，在 2015 年时达到顶峰，数量达到 6 000 多家。如今，潮起潮落，正常经营的 P2P 平台已经不足百家。如此剧烈的大起大落，导致投资者与经营者都损失惨重，社会影响巨大，教训深刻，却给如何防范金融科技企业风险，提供了一场宝贵的实验。因此，对其进行认真的分析研究，吸取宝贵的经验与教训，避免金融科技的其他分支重蹈覆辙，是非常重要的。

一个重要的问题是，P2P 平台作为新兴的金融科技企业群体，为什么其风险爆发会变得一发不可收拾？其爆炸式传播的链条与机理是什么？有哪些经验教训应当总结？对于其他金融科技企业的风险防范有什么启发意义？在今后的金融科技企业发展中应当如何避免风险传播与积累？

当前，比较主流的看法是，P2P 平台的增信服务导致了爆雷。但问题在于，传统商业银行也是通过增信服务吸引客户的，它们对储户承诺保本保息，这样储户能够放心地把钱存入银行。那么为何传统商业银行一直在做的事，换到 P2P 平台就不行了呢？本书通过研究，发现增信服务其实并不是 P2P 平台爆雷的真正根本原因，其深层原因或者说风险爆发的机理，是沿着各平台企业组成的资质链展开的引信效应。

本章以 P2P 平台企业的数据为基础，对 P2P 平台爆雷风险的传播过程进行实证分析，数据全部为时间序列数据，采用的分析方法为 ARIMAX 模型。采用这种模型的原因在于，时间序列数据一般为不平稳序列，其不平稳性会导致通常的回归方法无效。因此需要对原始数据进行平稳化处理，比如差分等。按道理来说，数据平稳化后，也可以用一般的 OLS 多元回归模型，但 OLS 针对时间序列数据的回归多存在序列相关，因此其回归参数的有效性受到破坏，统计量检验也常常无效，OLS 通常也不再最优线性无偏估计量（BLUE）。尽管可以使用序列相关标准误来部分地解决这个问题，但由于序列相关标准误（SC - 稳健标准误）都比 OLS 标准误大，因此其效率仍然比较低。而 ARIMAX 模型，通过对变量充分地增加自回归滞后和残差的移动平均滞后，使模型达到动态完备模型，从而不仅使回归的残差实现了序列无关，还达到了白噪声这一完美性质。因此，对于时间序列数据来说，ARIMAX 模型的回归结果比一般的 OLS 回归更加可靠。

本章的主要发现有如下三点：

一是与当前关于 P2P 行业出现大规模爆雷的主导观点，即把 P2P 爆雷归咎于其"增信服务"不同，本章通过把 P2P 平台与同样开展"增信服务"的传统商业银行对比发现，"增信服务"只是 P2P 行业出现大规模风险的表面原因。其背后的根本原因，是 P2P 平台的资质参差不齐，并且普遍低于传统商业银行的资质。

二是发现了 P2P 平台的风险爆发是沿着平台企业的"资质链"由弱到强扩散的过程。本书把这种沿着资质链爆发风险的过程，命名为"引信效应"，因为其原理与引信引爆炸药十分相似。

三是对引信效应的原理进行了较为深入的探究，发现市场竞争的无谓成本是导致引信效应的重要原因。

根据检索，目前尚没有发现关于风险引信效应的理论与研究，也没有发现从引信效应角度对 P2P 平台风险机理的研究。

后面的分析将证明，行业中企业的进入门槛难以有效控制，导致低资质企业大量进入市场，是诱发引信效应的重要原因。因此，对于金融科技等快速发展的新兴行业，研究引信效应的机理及过程能有效地预防引信效应造成的危害，在积极地发展新行业新业态的同时避免风险，对于保证社会经济稳定而高速发展，具有重要的意义。

3.2　相关概念的界定与说明

为了严谨起见，对本章及随后几章所涉及的相关概念在此作出说明。

3.2.1　对 "风险爆发" 的界定与说明

本章所言的"风险爆发"并不是指个别企业因某种风险而遭受了轻微损失。这里的"风险爆发"概念主要有三个方面需要严格界定，即风险的严重性方面、风险的广泛性方面和风险的类型方面。

一是在风险的严重性方面，是指企业的损失严重到了倒闭的程度，并不是指企业仅仅遭受一些"尚可修复"的损失。

二是在风险的广泛性方面，是指大量的企业倒闭，并不是仅仅个别企业倒闭那样的"个案"。因此，本章的"风险爆发"主要是指大量的企业因遭受风险而倒闭，是一种严重的行业性风险或者说系统性风险的情况。

三是在风险的类型方面，本章所研究的"风险"，主要是指具有高度传染性的"信用风险"。这是因为本章主要研究风险在企业之间的传导机理。而从金融科技企业所面临的三种主要风险即操作风险、市场风险和信用风险来看，只有信用风险具有可以在企业之间"高速传染"的特点。因此，本章的"风险爆发"，其实是"信用风险大面积爆发"的简称。

3.2.2　"金融科技风险" 与 "金融科技企业风险" 的关系

"金融科技风险"概念的内涵限制较少，具有更广泛的外延范围。金融科一般指在金融业务中由于应用科学技术而产生的新产品或新服务模式，金融科技风险就是在金融科技有关的各种活动中产生的风险。金融科技风险的来源比较广泛，既包括金融科技企业在开展金融科技业务时产生的风险，也包括政府部门等在制定金融科技发展战略或管理政策时产生的风险，还包括技术研发单位开发金融科技时技术不成熟带来的风险。金融科技风险的影响对象是社会中的各种要素，包括个人、企业和政府等。

"金融科技企业风险"概念的内涵限制较多，具有较小的外延范围。金融科技企业是开展金融科技服务业务的组织和载体，因此，金融科技企业风险就是金融科技企业在经营活动中遇到的风险。金融科技企业风险的影响对象主要是金融科技企业本身。根据巴塞尔协议Ⅱ，金融科技企业风险主要有操作风险、市场风险和信用风险三种类型。从当前的情况来看，人们所能够想到的一些金融科技企业风险的表现，都能够归入这三种主要风险之中。比如，所谓的"数据泄露风险"或"系统被攻击"其实都是操作风险；各类金融科技产品的需求变化给企业造成的损失，实质上就是市场风险；企业在经营过程中所遭遇的各种网络欺诈，其实就是信用风险。

"金融科技风险"与"金融科技企业风险"逻辑关系可以用逻辑学中的文氏图表示，如图 3-1 所示。

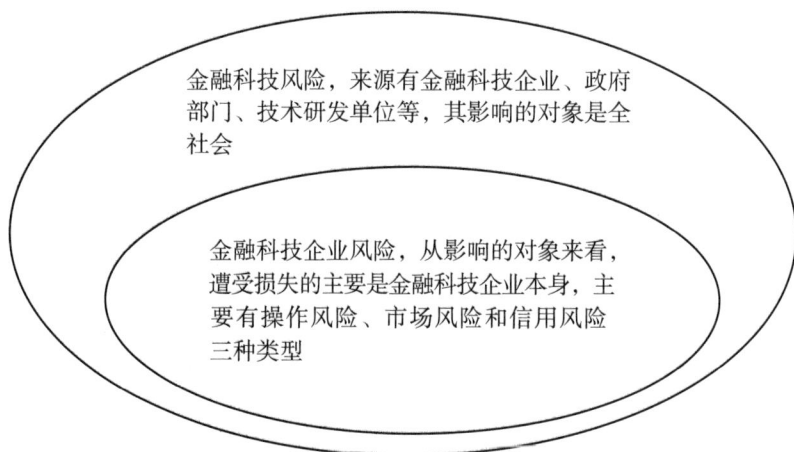

图 3-1　"金融科技风险"与"金融科技企业风险"的逻辑关系

　　本章主要研究一种特定类型的金融科技企业风险——信用风险在各个企业之间传染的过程及规律。信用风险是金融类企业经常遭遇的一种重要的风险类型。而信用风险在金融科技企业之间通过传染不断地蔓延，造成了某具体的金融科技服务行业整体的系统性风险，其结果是既导致了金融科技企业的损失，又造成了对社会稳定发展的危害。因此本章的研究目的，既是为金融科技企业如何防止被这种行业性风险波及和伤害提出相关建议，又是为监管部门如何防止出现这种行业性风险提出建议。

3.3　风险爆发的引信效应及机理

3.3.1　"增信服务" 不是 P2P 平台风险爆发的根本原因

　　P2P 平台的大量破产倒闭，引起了社会的关注，也引起一些学者对其风险的重视与研究。其中，有不少学者提出，P2P 平台风险的大规模爆发，主要是由于其"信用中介"的定位或者其提供的"增信服务"。也就是说，P2P 平台通过承诺保本保息等方式吸引客户投资，一旦从平台借款的客户出现违约，平台就会遭受坏账损失，从而导致风险。因此，只要 P2P 平台从"信用中介"回归到"信息中介"，只充当借贷双方的"信息平台"，就可能可以避免风险（从本章后面的分析可以看出，这的确是 P2P 平台遭受风险的一个原因，但只是表面原因而不是根本原因）。但一个无法解释的问题是，银行实际上正是信用中介，是通过向客户提供信用保证来开展吸储业务的。甚至有人说，信用中介职能是商业银行的最基本职能。那么为何传统商业银行一直在做的事，换到 P2P 平台就不行了呢？

　　同时，由本书第 2 章可以看出，信任在经济活动中尤其是金融业务中是极为重要的。正因为如此，一些金融类经营行为，为了确保能够成功，往往都采取一定的增信措施。所谓增信，主要是融资人为降低客户对投资风险的担忧而采取的各种保障措施，比如回购、第三方收购、担保、承诺保本保息即"刚性兑付"，一些融资项目还利用政府信用进行政府背书等来增信。此外，对于企业的声誉与信誉进行描述宣传等"软信息"，在实质上也是一种广义的增信。对于商业银行与 P2P 平台，最为常见的就是通过承诺保本保息等来增信。由此可见，从企业经营角度来看，增信本身并不是一种负面的不良行为，而是正常的经营行为。

前文也已经提到，既然信用中介在经济活动中如此重要，传统商业银行与 P2P 平台都存在增信行为，但何以商业银行可以安然无恙而 P2P 平台大规模爆雷？这个巨大的差别显然不是单纯的"开展了增信中介服务"这么简单的原因造成的。实际上，传统商业银行与 P2P 平台最大的不同，是传统商业银行的监管很严格，进入门槛很高。我国采取的"金融许可证制度"和商业银行法等规章，对银行业企业设立了很高的进入门槛：全国性商业银行最低注册资本为 10 亿元；民营商业银行的注册资本介于 20 亿至 40 亿元；要求最低的城市商业银行，注册资本也要不少于 1 亿元。

而我国 P2P 行业的进入门槛很低，P2P 平台只是作为一般公司管理。根据网贷之家报道，某 P2P 平台的注册资金仅为 3 万元！如此低的资质，竟然也做起了全国范围的网络借贷业务。可见，大量资质差的企业进入 P2P 行业，才是真正的风险源头，也是 P2P 平台与传统的商业银行最大的区别。

3.3.2　引信效应现象及机理

最为重要的是，本书随后的 ARIMAX 模型的实证结果表明，P2P 行业的大规模爆雷过程，并不是由"开展增信服务"开始的，而是沿着企业的资质水平由弱到强的"资质链"顺序展开的：那些抵抗风险能力最弱的企业（通常是小企业）率先爆雷，然后一些抗风险能力较强的企业也开始出现爆雷，最后即使是抗风险能力最强的企业，也抵抗不住市场的压力而倒闭。

P2P 行业实际上是一个由众多投资者和借款者以及 P2P 平台组成的市场系

统。其中，投资者追求的目标是低风险高利率回报，借款者追求的目标是低利率成本下得到所需额度的贷款，而 P2P 平台追求的目标是投资款与贷出款之间的利差最大化和客户最多（即市场占有率的最大化）。在网络借贷行业存在大量的低资质平台企业的情况下，其风险爆发过程可以大体划分为如下四个阶段：

第一阶段为行业扩张期。这时网络借贷的市场系统是稳定的即"风平浪静"的。投资者、借款者及 P2P 平台等各方面在博弈均衡的基础上实现自己的目标，政府也持鼓励态度。由于利润较高，P2P 行业吸引大量企业进入，从事网络借贷的平台企业大量增加，行业处于快速扩张的阶段。

第二阶段为偶然冲击期。经过一定时期的扩张之后，行业内部已经充斥着大量资质参差不齐的抗风险能力各异的企业。由于各种内外因素的变化，行业系统不可避免地会受到一定程度的风险冲击，如某黑天鹅事件等利空消息、国际国内的环境变化等，导致各个企业在客观上受到"风险压力测试"。这时，一些抗风险能力较弱的低资质平台企业往往会率先爆雷倒闭。

第三阶段为无谓成本飙升期。一些企业的倒闭造成本行业的声誉受损及可信任程度降低。在这样的情况下，投资者会变得谨慎起来，自我保护意识加强并伴随一定的自我保护行为，如投资意愿降低、提前支取已有投资。更为严重的是，人们的行为容易相互传染而形成所谓的"羊群效应"，造成投资者对 P2P 平台的大面积挤兑。

这些情况导致 P2P 平台的经营额大幅度下降，造成企业生存困难。为了争夺客户以渡过难关，一些 P2P 平台不得不加大增信行为和提高投资利率，为此出现各个网络借贷平台之间争夺客户的现象。这种竞争导致整个网络借贷行业的平均"增信"成本提高和投资款与贷出款的利差普遍降低。这在实质上是竞争带来的"无谓成本"的大幅度提高，意味着 P2P 平台的生存环境进一步恶化，从而导致一些资质较好并且具有一定抗风险能力的平台企业也发生倒闭。在这个阶段，爆雷倒闭的现象，已经从资质最差的平台向资质较好的平台蔓延，即爆雷潮进一步沿着企业的资质链从低向高蔓延。

　　第四阶段为风险爆发期。其特点为网络借贷企业大量爆雷，一发不可收拾，形成雪崩现象，无论企业的资质高低皆难以幸免。这是因为 P2P 平台接连爆雷，导致那些已经在平台上借款的人对当前尚在运营的平台形成了倒闭预期。而一旦他们的债权人平台倒闭（特别是平台负责人"跑路"这种爆雷方式），他们所借到的贷款就会变成"无主债"而无须偿还。这样，一些具有"赖账"动机的借款者往往会拖延还贷来"等待平台爆雷"，导致原本经营良好的平台企业的坏账大量增加，形成新一轮的资质更好并且抗风险能力更强的 P2P 平台的倒闭潮。这一阶段，企业倒闭的风潮如狂风暴雨一般势不可挡，即使资质再好的企业也难以幸免。

　　这种由资质最差的企业渐渐向资质较好的企业蔓延的爆雷潮，形成沿着企业的资质水平由低到高的链式风险展现过程（见图 3 - 2），本书将之命名为"引信效应"。

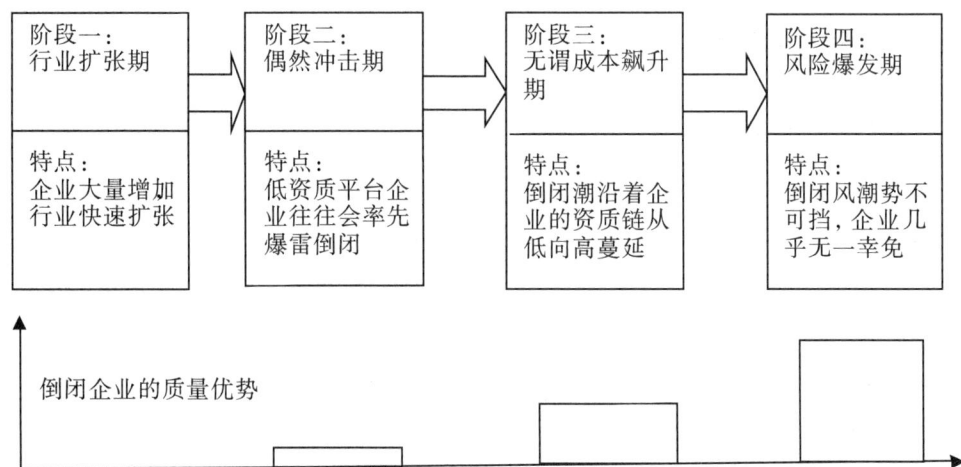

图 3 - 2　引信效应过程图

　　在引信效应形成的过程中，无谓成本的大幅度上升是一个十分关键的环节。所谓的无谓成本的概念，来自 Shaorong Sun 的著作 *Five Institution Structures and Institutional Economics*[148]，是指社会竞争导致的一种常见"效率损失现象"，即在许多同类个体之间出现竞争时，常常只会导致大家白白地付出竞争成本，使得原本不用竞争就可得到的标的物变成只有通过竞争才能得到。这就如同在夜晚看露天电影：最初观众们都坐在小板凳上看电影，很轻松。但总有那么一些不自觉的观众，为了看得清楚而站立起来，结果迫使别人也只能站立观看。这种"看电影竞争"的过程，就是使本来可以低成本得到的东西，变成需要付出毫无意义的高成本才能得到，这就是竞争导致的"无谓成本"。

在人类社会中，这种无谓成本现象很普遍，如产品的包装竞争和广告竞争的成本、大国之间军备竞争的成本，在本质上都是无谓成本。无谓成本理论很好地解释了人类社会中一个普遍存在的现象：凡是那些低门槛行业中的企业，其经营利润都非常低，这是因为效率被无谓成本破坏了。

在 P2P 行业中，由于竞争的存在，许多 P2P 平台对投资人承诺的高额利率实际上是一种无谓成本，是激烈竞争导致的一种无奈。

3.3.3　形成引信效应的两个基本条件

无谓成本在市场中并不是天生就存在的，而是有它独特的产生条件：只有当市场中资源减少，企业"吃不饱"，即所谓的"僧多粥少"，从而形成激烈竞争后才会出现大量的无谓成本。这就解释了为什么只有在 P2P 平台爆发式增长之后，才出现了以一发不可收拾的爆雷为特征的引信效应。

但是，无谓成本的直接作用导致企业的效益下降，并不一定能够形成引信效应。引信效应的形成还有一个重要条件，就是行业内的企业资质参差不齐，特别是存在大量的低资质企业。

因此，形成危害极大的引信效应必须存在两个基本条件，一是行业内出现了较高的无谓成本，二是行业内的企业资质参差不齐并且存在大量的低资质企业。

引信效应的这两个基本条件，为政府部门提供了调控市场的重要理论依据：对于一些新兴的特别是与金融有关的行业，如果出现难以控制的爆发式发展，就要警惕引信效应了。在当下，金融科技发展大有如火如荼之势，在这样的情况下，保持清醒的头脑，加强审视和提高行业内企业的资质水平，无疑是一项重要任务。

下面，采用 ARIMAX 模型，对中国的网络借贷行业实际数据进行分析，以检验和证实引信效应的存在。

3.4　数据概述

3.4.1　数据的来源与特点

笔者共收集了 5 068 家 P2P 平台公司（包括已经爆雷的和正在运营的）的共 19 万 7 千多条的原始数据、2013 年 6 月以来的上证指数涨跌幅数据、银行利率及同业拆借利率。然后，对各类原始数据分别以月度为单位进行加工处理，形成以月度为单位的时间序列数据。

由于要统计分析 P2P 平台的爆雷情况，因此在回归模型中，数据的有效时间跨度为 2013 年 6 月到 2019 年 11 月，共 78 个月。这是因为，本书回归模型的被解释变量 ratio 是正常运营的平台的规模与爆雷的问题平台的规模的比值，其中问题平台的规模是作为分母出现的，因此不能为 0。只是从 2013 年 5 月起，国内的 P2P 平台才开始出现连续的爆雷现象，即每个月都会有一定数量的平台出现问题而下线。因此，为了保证被解释变量 ratio 在时间序列上有连续意义，本书回归模型中的时间序列数据是从 2013 年 6 月开始的。

解释变量与被解释变量全部来自第三方信息平台"网贷之家"和"网贷天眼"。这是目前中国收录 P2P 平台企业数据最全的两个第三方平台，关于中国 P2P 平台的研究，其数据基本上都源于这两个平台。

在本书中，全部 P2P 平台按照当月状态被分为三种类型：一是正常运营的平台；二是问题平台，指已经出现各种问题不能正常运营的平台，如跑路、不能取现、经侦介入、网站关闭等；三是新增平台，即当月新上线开展运营的平台。

为了防止回归时产生内生性，在数据的计算方法上，正常运营的平台与问题平台和新增平台在计算上边界清楚而不交叉，即对于当月存在的平台，每个具体平台或者只属于正常运营的平台，或者只属于问题平台，或者只属于新增平台。

控制变量分别来自中国人民银行官网和与上海证券交易所联网的通达信股票交易系统。

3.4.2　各变量的定义与计算方法及意义

1. 被解释变量 ratio

本模型的被解释变量是每月正常运营平台的平均规模与当月出问题的平台的平均规模之比值 ratio。本书用企业的注册资金来表示企业规模，注册资金多则表明企业规模大。这个变量的意义在于，在一定程度上，企业规模是企业资质的指标，一般来说，大规模的企业的资质会比较高。因此，ratio 在实际上表示了当月正常运营的 P2P 平台的资质高于当月发生爆雷的 P2P 平台的资质的"倍数"。通过对数据的观察发现，在刚刚开始出现 P2P 平台爆雷的时候，ratio 的值约为 6，即正常运营平台的平均规模远大于问题平台的规模，说明问题平台多为小企业。随着问题平台的不断爆雷，ratio 的值渐渐向 1 靠近，说明随后爆雷的平台的规模渐渐变大，与正常运营平台的规模越来越接近。这正是小的 P2P 平台率先倒闭继而引起大的平台倒闭的表现，也就是低资质的企业先倒闭，然后渐渐引起高资质的企业倒闭，最后形成了沿着行业内企业的"资质链"从低到高的倒闭顺序。这是 P2P 平台风险爆发过程存在引信效应的证据。本书设计被解释变量 ratio，就是拟从统计上证明这种引信效应的存在。

2. 解释变量 acprob

爆雷平台的数量不断积累增加，可能是导致爆雷平台规模渐渐变大的原因。这是设计解释变量 acprob 的思路和出发点。因此，定义解释变量 acprob 为按月度积累的问题平台数量。为了防止引起模型的内生性，acprob 中只包括从 $T=0$ 时

（即 2013 年 5 月）到上个月为止的问题平台累积数量，不包含当月的问题平台数量。这样，可以防止被解释变量 *ratio*（全部为当月的平台数据）影响到解释变量 *acprob* 而产生内生性。

3. 控制变量 *new*

控制变量 *new* 定义为当月新上线的平台的平均规模。之所以设置这个控制变量，是因为考虑到一个问题：万一问题平台的规模不断增大不是问题平台的数量增加而是新上线的平台的平均规模变大引起的呢？因此，设置这个新上线的平台的平均规模的控制变量来观察：当加入这个控制变量 *new* 之后，问题平台积累数量变量 *acprob* 的系数是否变得不再显著。如果如此，就说明问题平台的规模不断增大并不是问题平台的数量不断增加引起的，这样就会否定本书提出的风险爆发的引信效应。因此，增加控制变量 *new*，主要是为了提高分析的严谨性。

4. 控制变量 *bank*

控制变量 *bank* 定义为中国人民银行规定的一年期存款利率。数据来自中国人民银行官网。由于其为月度数据，因此如果当月利率有调整，则下个月以调整后的利率为准。设置此变量的原因是，人们在 P2P 平台的投资行为可能会受到银行存款利率的影响，一般认为银行存款利率越低，人们投资于 P2P 平台的热情就会越高。

5. 控制变量 *stock*

控制变量 *stock* 为上证指数的月涨跌幅。数据源于与上海证券交易所联网的通达信股票交易系统。

研究认为，P2P 市场与股票市场之间存在两类溢出联动机制，即替代效应机制和互补效应机制。甚至许多学者认为，大量 P2P 平台出现爆雷，与股票市场巨幅波动有很大关系。因为在股市火爆时，许多股民从 P2P 平台借钱炒股，结果股市下跌导致大量借款逾期，造成平台爆雷。因此，股市指数的变化有可能会对 P2P 平台的状态产生影响。

6. 控制变量 *inbank*7

控制变量 7 日同业拆借利率 *inbank*7，指银行间按月度平均的 7 日同业拆借利率。数据来自中国人民银行官网。该利率的高低，反映了市场的流动性情况，如果资金紧张，则该利率水平就高，反之则低。显然，金融市场的流动性对 P2P 平台的运行状态具有重要影响。

7. 控制变量 *regul*

针对全国网络借贷市场存在的一些问题，2016 年 8 月 24 日，中国银行业监督管理委员会（中国银监会）等四部门联合下发了《网络借贷信息中介机构业务活动管理暂行办法》，禁止各网贷平台开展自融、承诺保本保息、债权转让等行为，同时规定了自然人在网络借贷平台借款不得超过 20 万元，法人借款不得超过 100 万元的借款上限。为了控制该政策可能的影响，本书将其设为控制变量 *regul*，在 2016 年 8 月（含 8 月）之前取值为 0，2016 年 9 月起取值为 1。

8. 原始变量数据的描述性统计

上述变量定义皆针对原始变量数据。之所以称为原始变量数据，是因为这些变量数据全部是时间序列数据，基本上都是非平稳数据，不符合可靠地进行回归的条件，因此它们并不能直接用来回归。原始变量数据的描述性统计结果如表 3－1 所示。

表 3－1　原始变量数据的描述性统计结果

变量	N	平均值	方差	最小值	最大值
ratio	78	2. 271	2. 154	0. 499	13. 27
new	78	4 186	2 553	0	9 815
bank	78	1. 958	0. 650	1. 500	3
stock	78	0. 501	6. 595	－ 22. 65	20. 57
*inbank*7	78	3. 318	0. 766	2. 350	6. 980
acprob	78	1 796	1 494	2	4 454

3.5　对原始变量数据的平稳性的考察与平稳化措施

原始的时间序列数据通常具有较强的序列相关性，破坏了统计回归所要求的样本随机性假定，导致中心极限定理与大数定理失效，从而不能直接用来统计回归。因此，需要对原始变量数据进行平稳性考察，如果原始变量数据为非平稳数据，就需要对其进行平稳化处理。

3.5.1　被解释变量的初始形态 ratio 及其平稳化

图 3 - 3 为 ratio 随着时间变化的曲线。其中，纵坐标为变量的取值，横坐标为时间（其他变量随时间变化的曲线图的坐标意义皆与此图相同，为节省篇幅，后面不再逐一说明）。可以看出，该变量明显为有趋势数据序列。

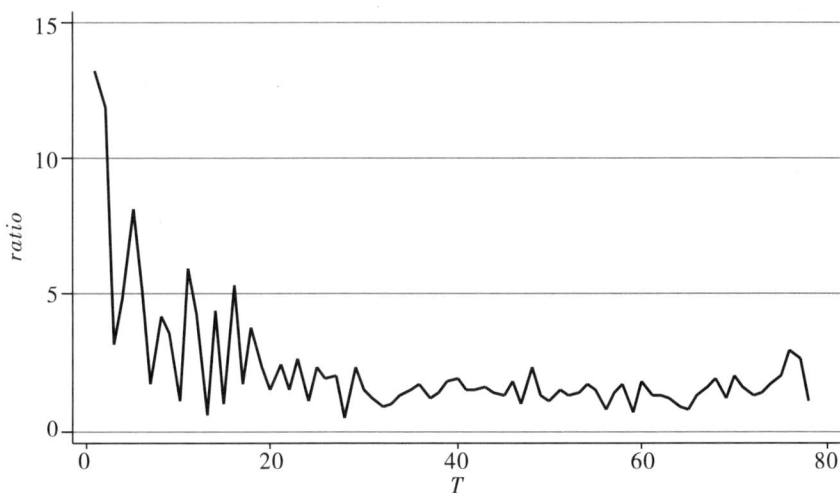

图 3 - 3　ratio 的时间变化曲线

为了进一步考察该变量的自相关性，建立其自相关图（见图 3 - 4，图中的竖线表示相关性大小，横坐标表示数据之间的滞后月数，凡是竖线的端点处于图中阴影部分之外的，则表示变量与在该滞后月数上的自身历史数据仍然存在相关性。其他变量的自相关图和偏自相关图的意义皆与此图相同，后面不再逐一说明）。图 3-4 说明，*ratio* 自相关图 1/4 阶截尾，并且 1 阶与 3 阶、4 阶自相关较强。

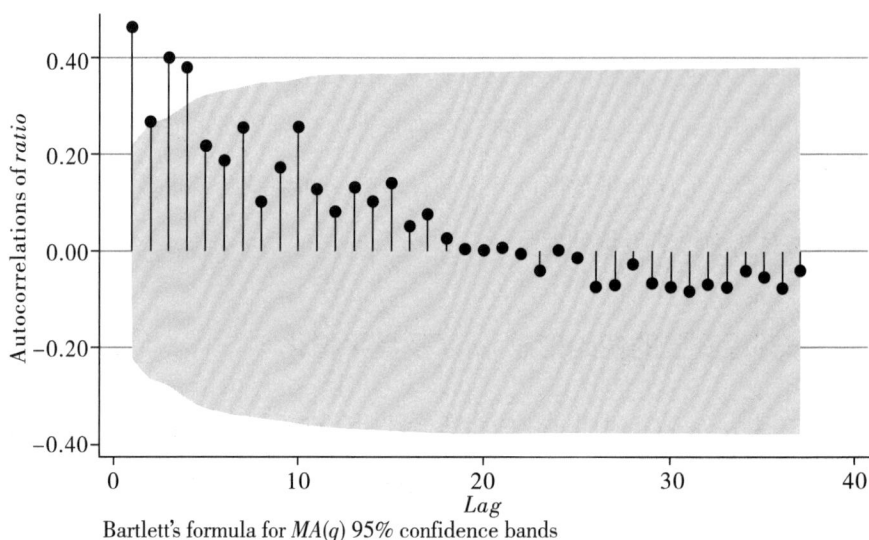

Bartlett's formula for $MA(q)$ 95% confidence bands

图 3-4　*ratio* 的自相关图

图 3-5 为该变量的偏自相关图。图 3-5 显示，*ratio* 偏自相关图 4 阶截尾，并且 1 阶与 3 阶、4 阶自相关较强。

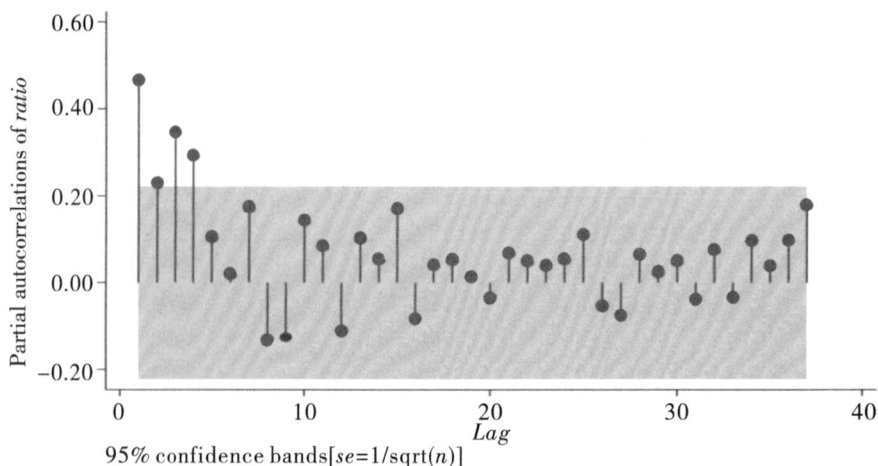

95% confidence bands[$se=1/\text{sqrt}(n)$]

图 3-5　*ratio* 的偏自相关图

为了进一步考察其自相关性，下面对变量 *ratio* 进行 4 阶 ADF 单位根检验，其结果如表 3 - 2 所示。

表 3 - 2　变量 *ratio* 的 4 阶 ADF 单位根检验

Augmented Dickey-Fuller 单位根检验观察样本 = 73			
	检验结果值	1% 临界值	5% 临界值	10% 临界值
$Z(t)$	- 4.042	- 4.099	- 3.477	- 3.166
MacKinnon approximate *P*-value for $Z(t) = 0.0076$			

ADF 单位根检验其 4 阶滞后（*ratio* 偏自相关图 4 阶截尾）情况下的单位根，*P* 值为 0.007 6，可以在 5% 的显著性水平上拒绝单位根的原假设，即 *ratio* 为趋势平稳序列。

由于 *ratio* 数据的波动比较大，为防止 *ratio* 中的异方差对单位根检验造成影响，现使用 Phillips-Perron 单位根检验来检验其是否存在单位根，其结果如表 3 - 3 所示。

表 3 - 3　变量 *ratio* 的 Phillips-Perron 单位根检验

Phillips-Perron 单位根检验观察样本 = 77			Newey-West *lags* = 3		
	检验结果	1% 临界值	5% 临界值	10% 临界值	
$Z(rho)$	- 42.678	- 26.618	- 20.286	- 17.178	
$Z(t)$	- 7.953	- 4.091	- 3.473	- 3.164	
MacKinnon approximate *P*-value for $Z(t) = 0.0000$					
ratio	系数	标准误	*t*	$P > t$	［95% 置信区间］	
*L*1.	0.351	0.086	4.090	0.000	0.180	0.523
trend	- 0.022	0.008	- 2.630	0.010	- 0.038	- 0.005
cons	2.177	0.483	4.510	0.000	1.214	3.139

Phillips-Perron 单位根检验的 *P* 值为 0.000 0，即在 1% 的显著性水平上，拒绝存在单位根的原假设。因此 *ratio* 是趋势平稳序列（表格中的趋势项 *trend* 在 1% 水平上显著）。

由此可见，无论是 ADF 检验还是异方差稳健的 Phillips-Perron 单位根检验，都表明 *ratio* 是带有时间趋势的平稳序列。

实际上，由于 *ratio* 是两个变量的比值，因此其具有趋势平稳性是在意料之中的。

按道理，这种趋势平稳序列只要在回归方程中采用时间变量 *t* 来除趋势，就可以正常地回归了。但是，随后发现主要解释变量 *acprob* 的平稳性相当差，只有在对其进行取对数再差分从而彻底除趋势后，才具有良好的平稳性。因此，为了使因变量与解释变量具有相同的经济意义，将对 *ratio* 进一步除趋势得到 *dlnratio*，以使其与解释变量 *dlnacprob* 的经济意义保持一致。

为了与解释变量 *dlnacprob* 同步平稳（使 *ratio* 变成与 *dlnacprob* 一样的没有趋势的平稳序列），现考察 *ratio* 的取对数再差分后的序列 *dlnratio*。

由 *dlnratio* 的时间变化曲线图 3 – 6 可见，*ratio* 经过取对数再差分后所形成的变量 *dlnratio* 已经没有任何时间趋势了。

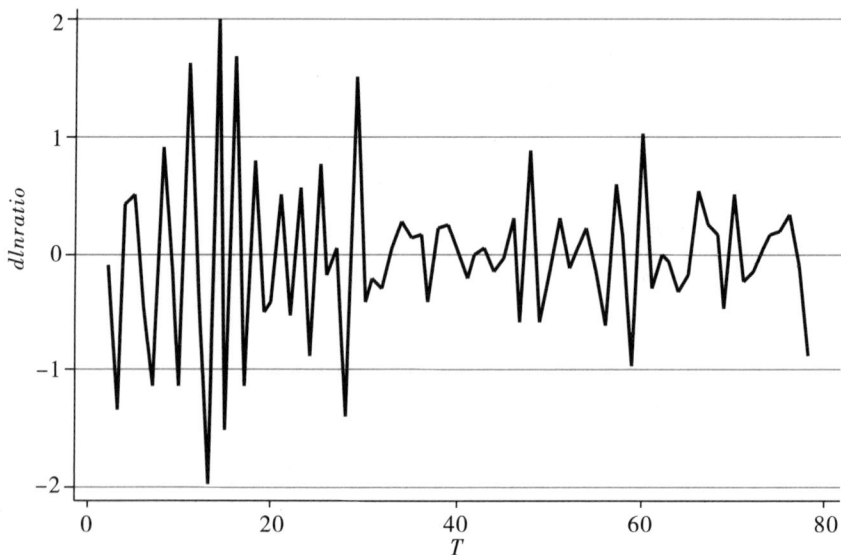

图 3 – 6　*dlnratio* 的时间变化曲线

由图 3 – 7 可见，*dlnratio* 自相关图 1 阶截尾。

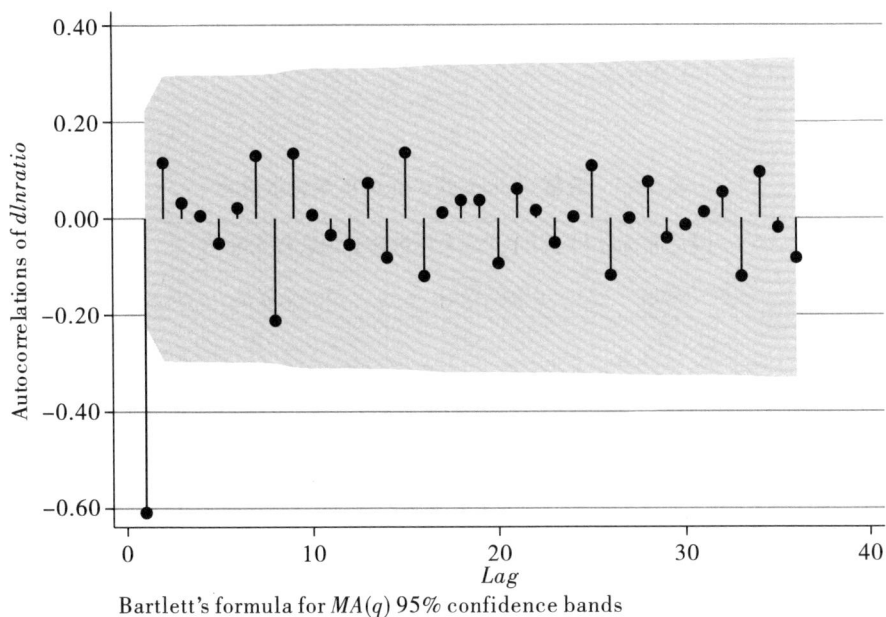

图 3 - 7　*dlnratio* 的自相关图

由图 3 - 8 可见，*dlnratio* 偏自相关图拖尾。

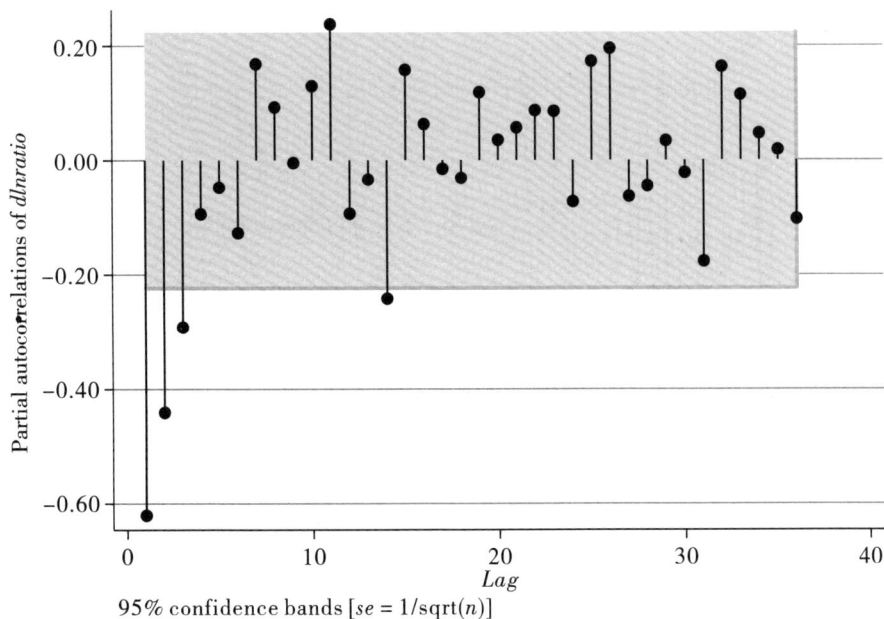

图 3 - 8　*dlnratio* 的偏自相关图

为了进一步考察其自相关性，下面对变量 *dlnratio* 进行 1 阶 ADF 单位根检验，其结果如表 3-4 所示。

表 3-4　变量 *dlnratio* 的 1 阶 ADF 单位根检验

Augmented Dickey-Fuller 单位根检验观察样本 = 75			
	检验结果值	1% 临界值	5% 临界值	10% 临界值
$Z(t)$	-12.636	-3.545	-2.910	-2.590
MacKinnon approximate *P*-value for $Z(t) = 0.0000$			

由表 3-4 可知，*dlnratio* 具有良好的平稳性，其 ADF 单位根检验在 1% 水平上拒绝有单位根的原假设。

3.5.2　问题平台的累积数量变量 *acprob* 的平稳化

acprob 的时间变化曲线如图 3-9 所示，可以看出，*acprob* 明显不平稳。

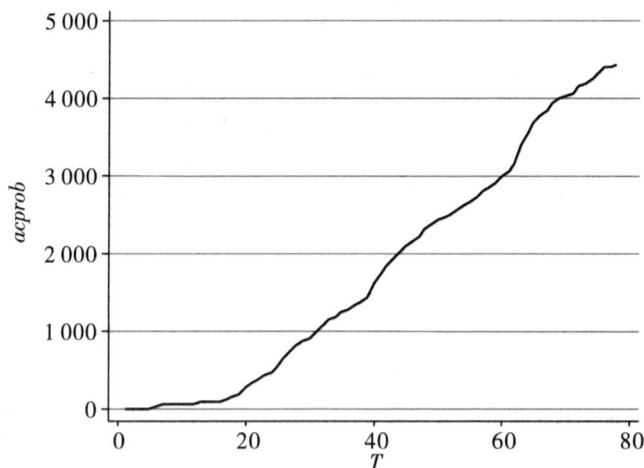

图 3-9　*acprob* 的时间变化曲线

由图 3-10 也可以看出，*acprob* 自相关系数不收敛，数据很不平稳，达到了 7 阶自相关。

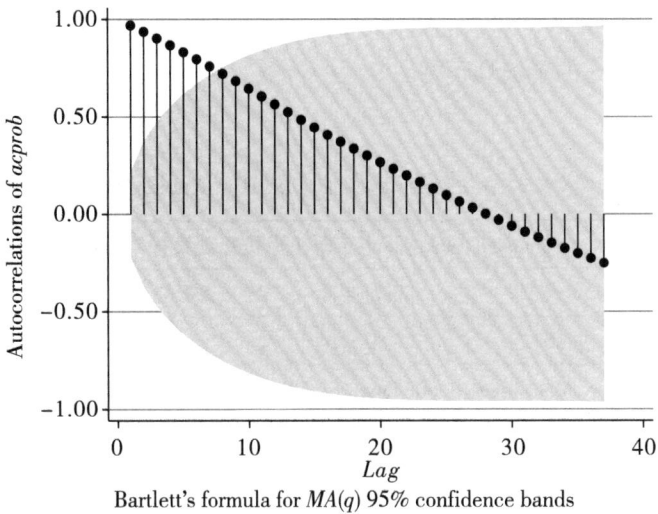

图 3 - 10   *acprob* 的自相关图

图 3 - 11 可以看出，*acprob* 偏自相关系数拖尾，这是一种很不平稳的情况。

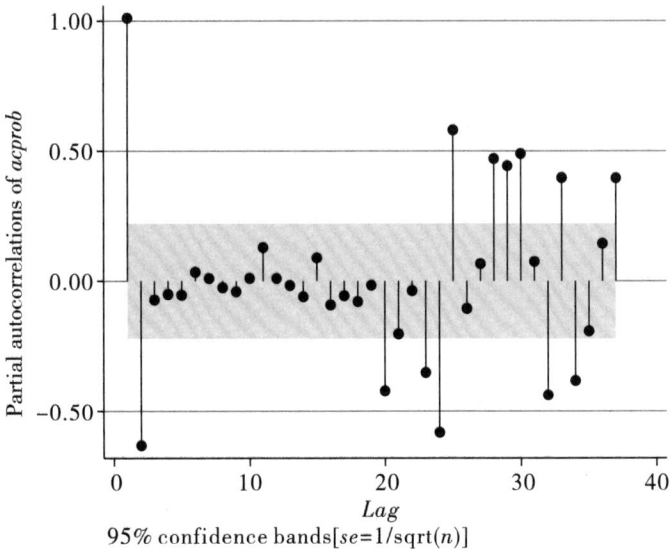

图 3 - 11   *acprob* 的偏自相关图

对 *acprob* 进行 7 阶滞后的 ADF 单位根检验（见表 3 - 5），可以看出该序列有单位根，数据不平稳。其主要原因为，对于问题平台的累计数量 *acprob*，虽然随

着时间间隔 h 的变大，$acprob_t$ 与 $acprob_{t-h}$ 的相关性减弱，但这种减弱的速度不够快，从而使 $acprob_t$ 的平稳性不好。

表 3 - 5　变量 $acprob$ 的 7 阶 ADF 单位根检验

Augmented Dickey-Fuller 单位根检验观察样本 = 70				
	检验结果值	1% 临界值	5% 临界值	10% 临界值
$Z(t)$	- 3. 162	- 4. 106	- 3. 480	- 3. 168
MacKinnon approximate P-value for $Z(t)$ = 0. 092 2				

下面对 $acprob$ 取对数，以减少其波动性，并观察其随时间变化的情况（见图 3 - 12）。

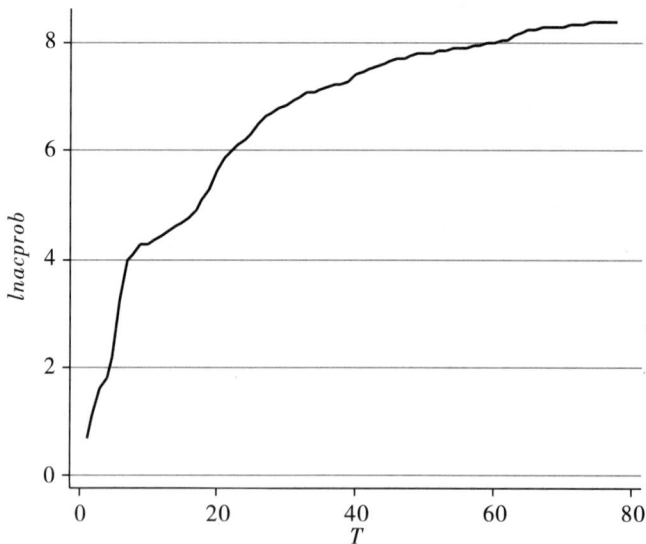

图 3 - 12　$lnacprob$ 的时间变化曲线

由图 3 - 13 与图 3 - 14 可见，$lnacprob$ 自相关图 6 阶截尾，偏自相关图 5 阶截尾。

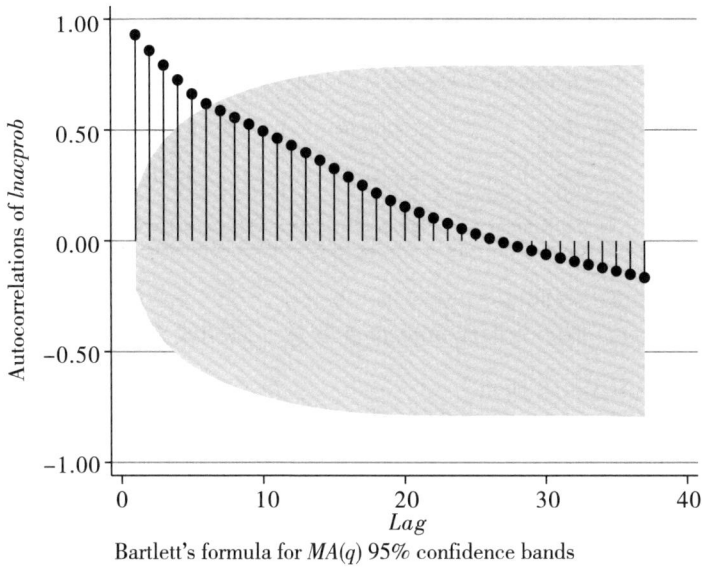

图 3 - 13　*lnacprob* 的自相关图

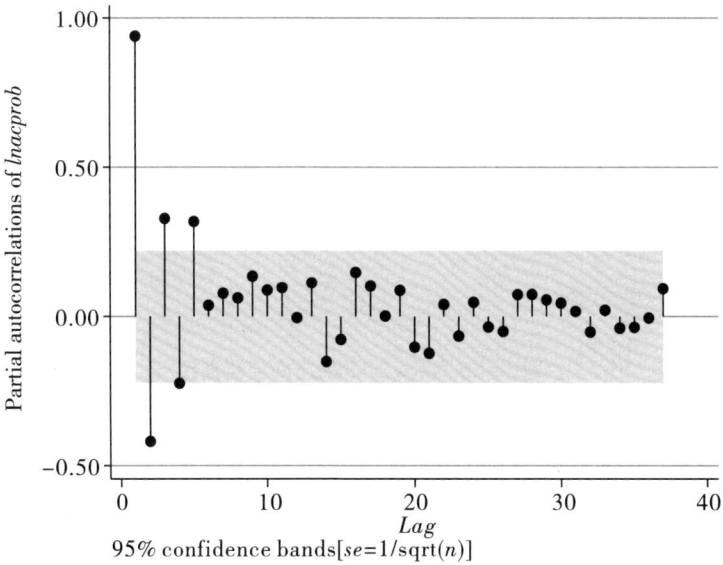

图 3 - 14　*lnacprob* 的偏自相关图

对 *lnacprob* 进行 ADF 单位根检验（见表 3 - 6），发现其仍然具有单位根，因此该数据仍然不是平稳序列。

表 3 - 6　变量 *lnacprob* 的 6 阶 ADF 单位根检验

Augmented Dickey-Fuller 单位根检验观察样本 = 71			
	检验结果值	1% 临界值	5% 临界值	10% 临界值
$Z(t)$	- 1. 915	- 4. 104	- 3. 479	- 3. 167
MacKinnon approximate *P*-value for $Z(t)$ = 0. 646 9			

　　下面对 *lnacprob* 取差分形成 *dlnacprob* 变量，以期改善其平稳性。*dlnacprob* 的时间变化曲线如图 3 - 15 所示。

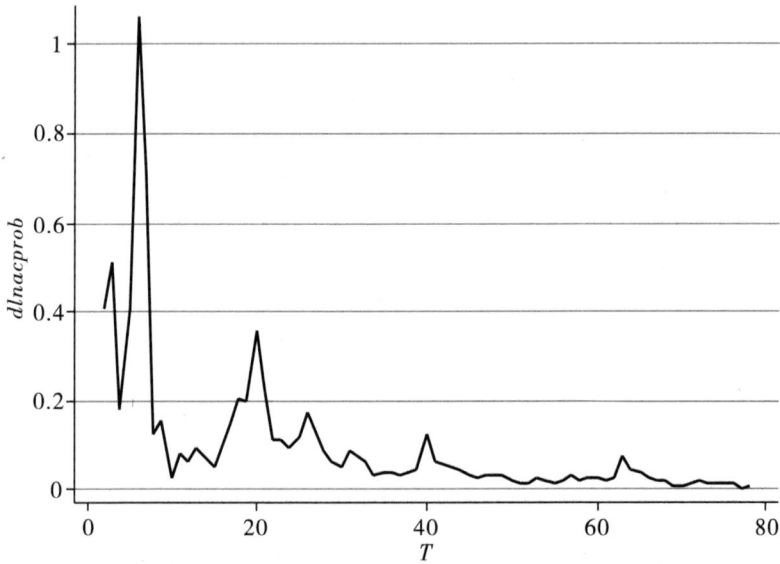

图 3 - 15　*dlnacprob* 的时间变化曲线

　　由图 3 - 16 与图 3 - 17 可见，*dlnacprob* 自相关图 3 阶截尾，偏自相关图 1、3 阶截尾。

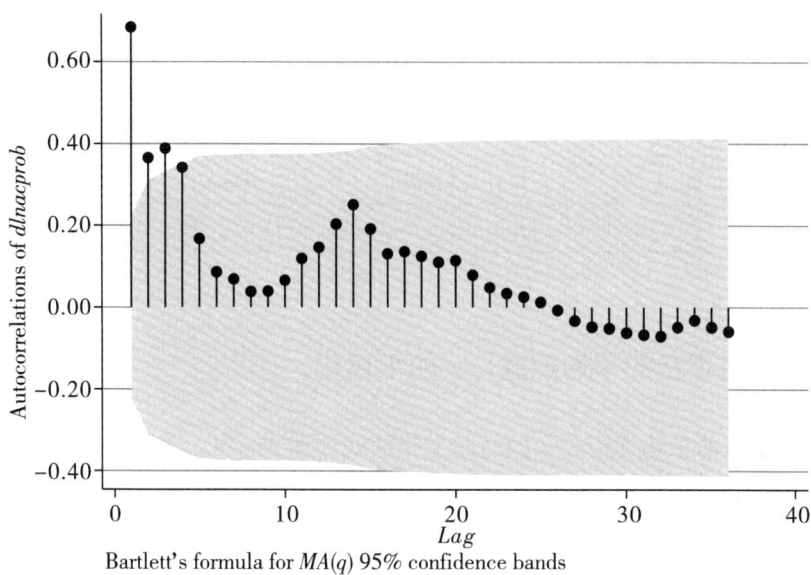

Bartlett's formula for $MA(q)$ 95% confidence bands

图 3 - 16　*dlnacprob* 的自相关图

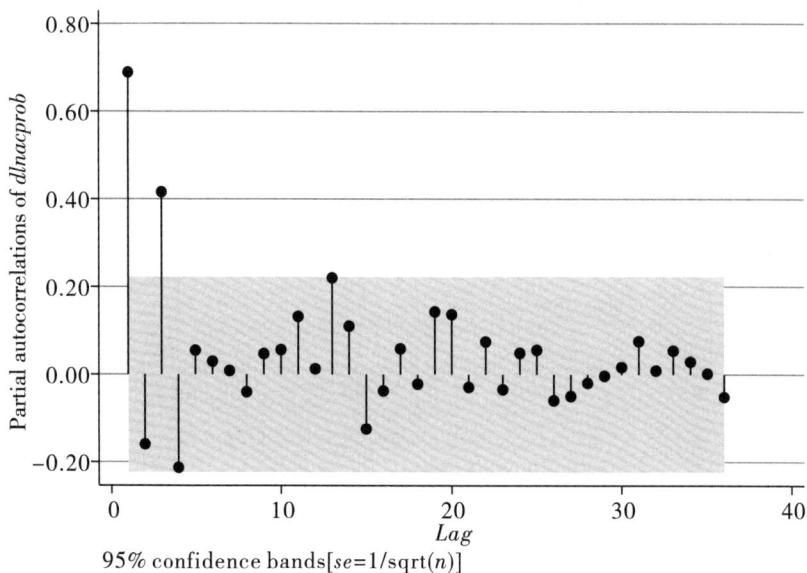

95% confidence bands[$se=1/\text{sqrt}(n)$]

图 3 - 17　*dlnacprob* 的偏自相关图

由表 3 - 7 可见，对 *lnacprob* 取差分后，ADF 检验说明，*dlnacprob* 序列可以在 1% 的水平上拒绝单位根，显示出良好的趋势平稳性。

表 3 - 7　变量 *dlnacprob* 的 3 阶 ADF 单位根检验

Augmented Dickey-Fuller 单位根检验观察样本 = 73			
	检验结果值	1% 临界值	5% 临界值	10% 临界值
$Z(t)$	-4.202	-4.099	-3.477	-3.166
MacKinnon approximate *P*-value for $Z(t)$ = 0.004 4			

3.5.3　新增平台的平均规模 *new* 的平稳化

新增平台的平均规模 *new* 的时间变化曲线为图 3 - 18，自相关图为图 3 - 19，偏自相关如图 3 - 20 所示。

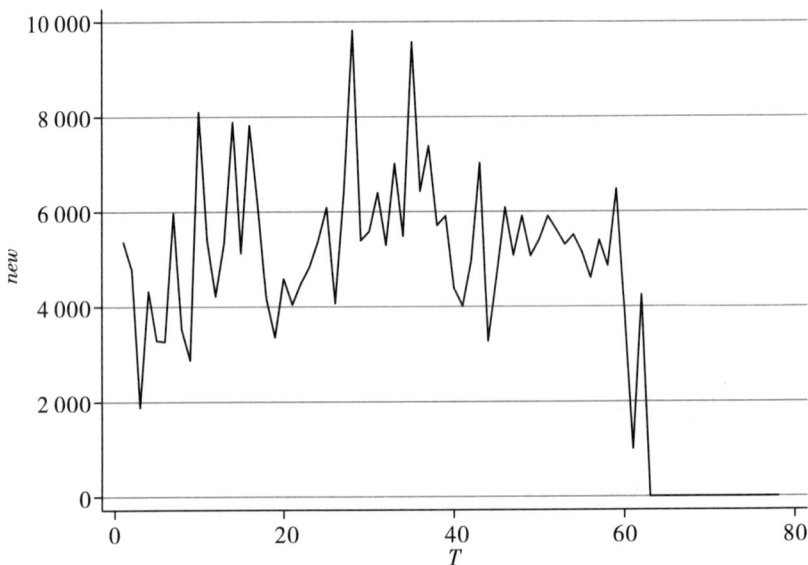

图 3 - 18　*new* 的时间变化曲线

由图 3 - 19 与图 3 - 20 可见，*new* 自相关图 6 阶截尾，偏自相关图拖尾。

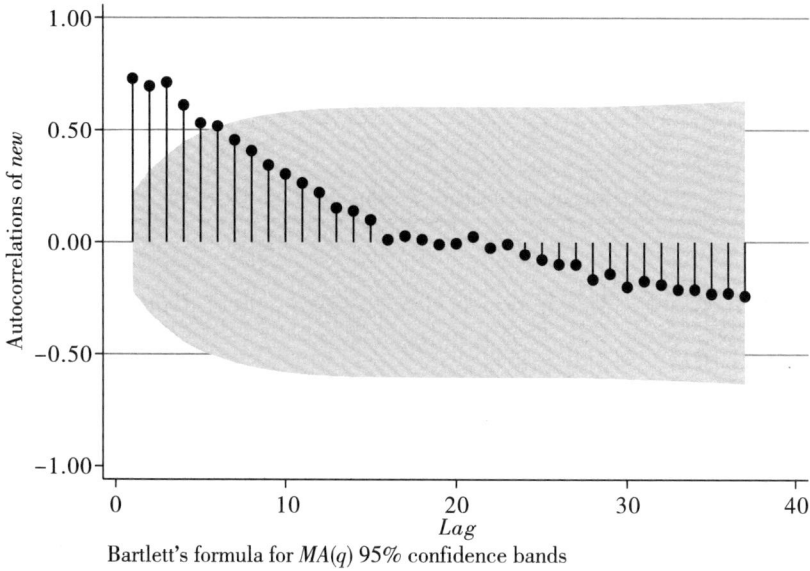

Bartlett's formula for $MA(q)$ 95% confidence bands

图 3 - 19　*new* 的自相关图

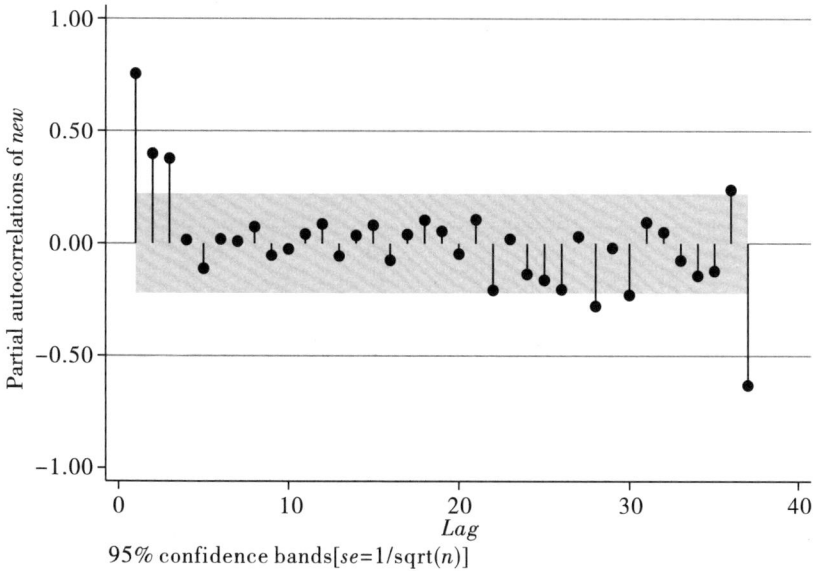

95% confidence bands$[se=1/\text{sqrt}(n)]$

图 3 - 20　*new* 的偏自相关图

由表 3 - 8 可见，变量 *new* 的 ADF 单位根检验说明其不平稳。

表 3 - 8　变量 *new* 的 6 阶 ADF 单位根检验

Augmented Dickey-Fuller 单位根检验观察样本 = 71			
	检验结果值	1% 临界值	5% 临界值	10% 临界值
$Z(t)$	- 0. 683	- 3. 551	- 2. 913	- 2. 592
MacKinnon approximate *P*-value for $Z(t)$ = 0. 851 0			

为了使其平稳化，对变量 *new* 取对数后再差分，形成 *dlnnew*，其时间变化曲线如图 3 - 21 所示，考察其平稳性。

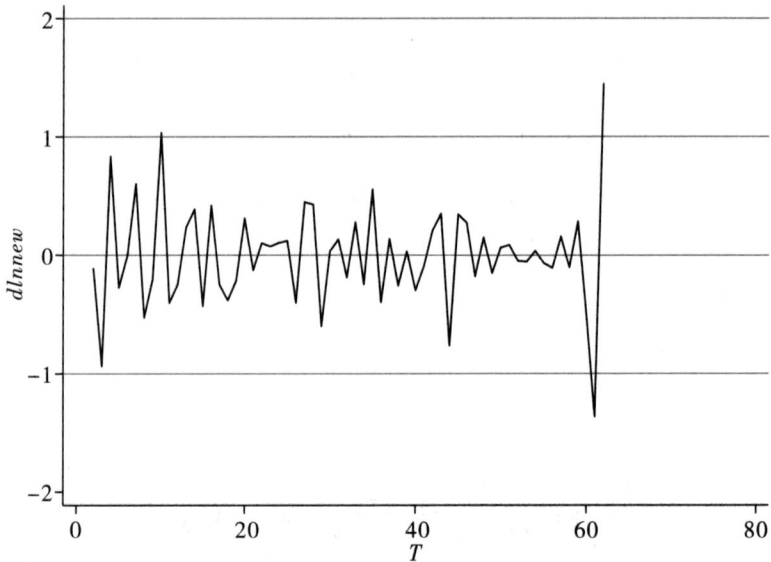

图 3 - 21　变量 *dlnnew* 的时间变化曲线

由图 3 - 22 及图 3 - 23 可见，*dlnnew* 自相关图 1 阶截尾，偏自相关图拖尾。

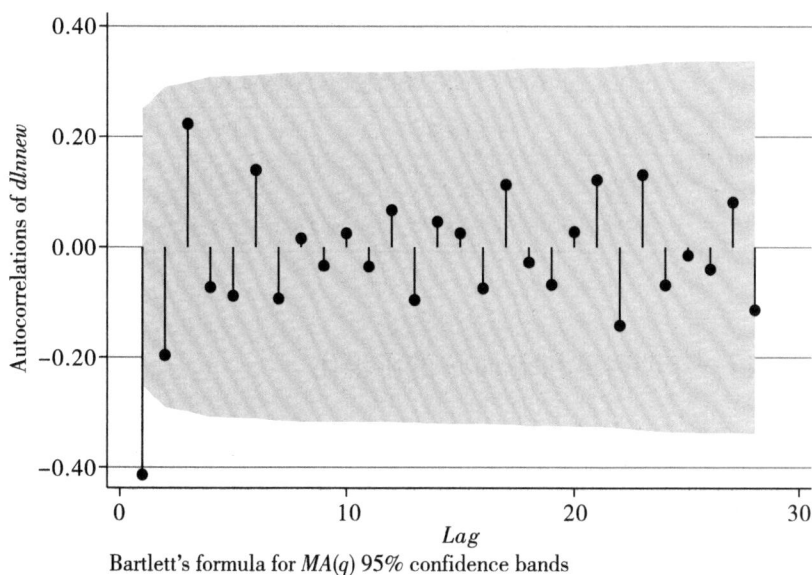

图 3 – 22   *dlnnew* 的自相关图

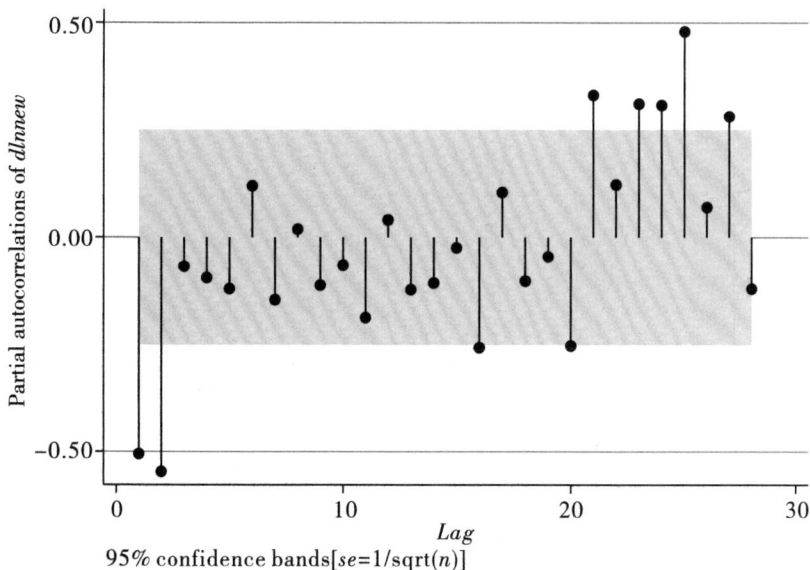

图 3 – 23   *dlnnew* 的偏自相关图

由表 3 – 9 可见，*dlnnew* 进行 ADF 单位根检验结果表明，该变量可以在 1%的水平上拒绝存在单位根的原假设，平稳性良好。

表 3 – 9　变量 *dlnnew* 的 1 阶 ADF 单位根检验

Augmented Dickey-Fuller 单位根检验观察样本 = 59				
	检验结果值	1% 临界值	5% 临界值	10% 临界值
$Z(t)$	– 11.290	– 3.567	– 2.923	– 2.596
MacKinnon approximate *P*-value for $Z(t)$ = 0.000 0				

3.5.4　银行一年期存款利率 *bank* 的平稳化

银行一年期存款利率 *bank* 的时间变化曲线为图 3 – 24，自相关图为图 3 – 25，偏自相关图为图 3 – 26。

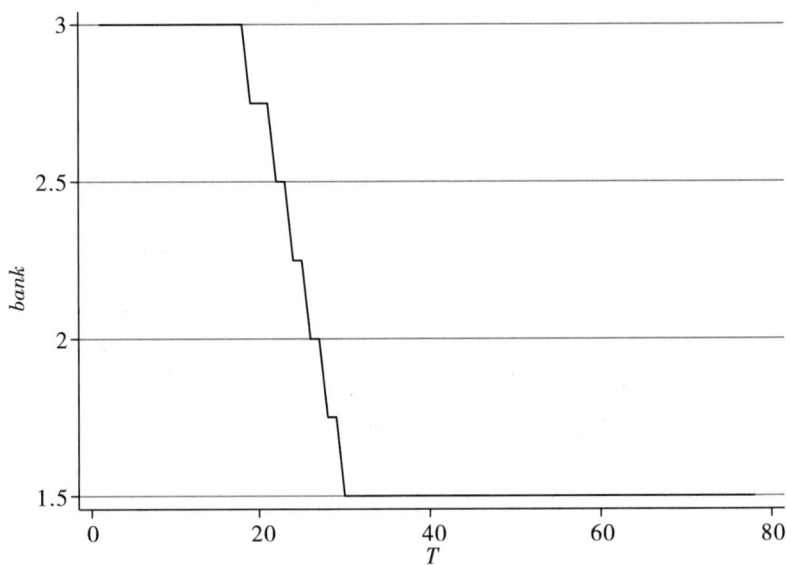

图 3 – 24　变量 *bank* 的时间变化曲线

由图 3 – 25 及图 3 – 26 可见，*bank* 自相关图 7 阶截尾，偏自相关图 4 阶截尾。

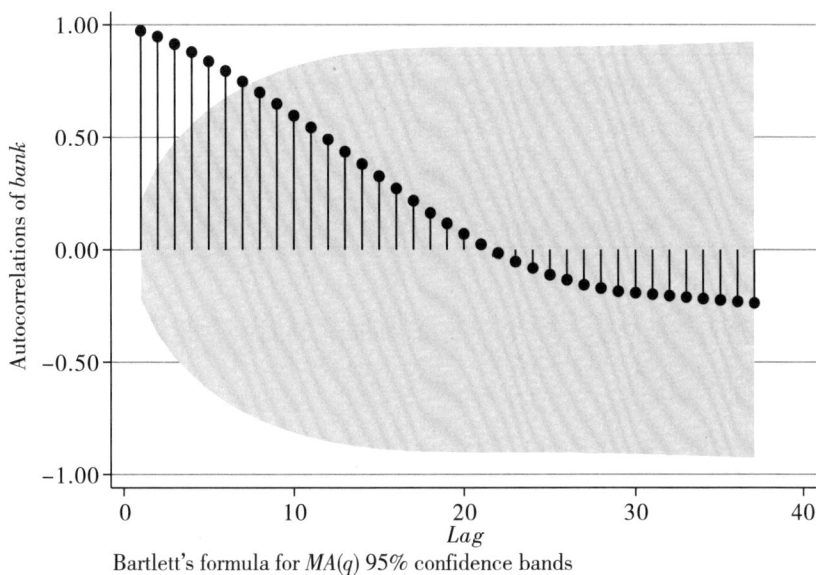

Bartlett's formula for $MA(q)$ 95% confidence bands

图 3 - 25　$bank$ 的自相关图

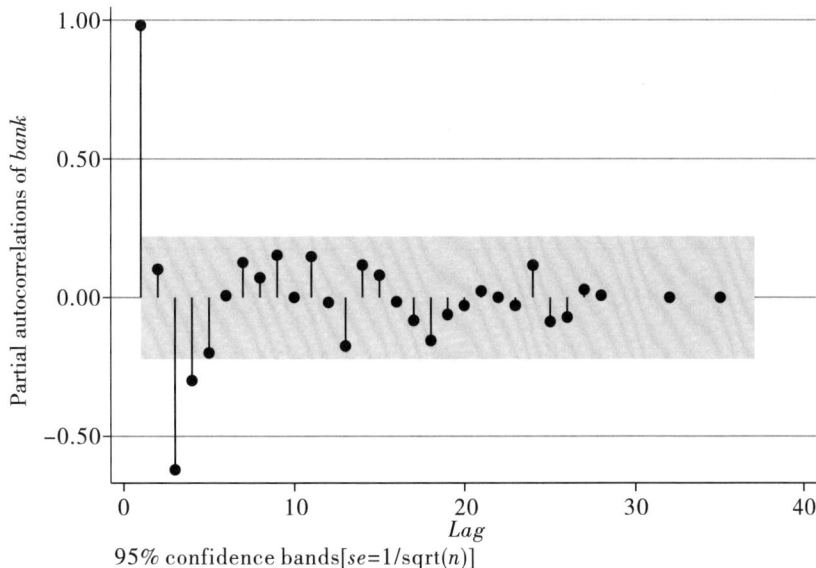

95% confidence bands[$se=1/\text{sqrt}(n)$]

图 3 - 26　$bank$ 的偏自相关图

对 $bank$ 进行 7 阶滞后的 ADF 单位根检验（见表 3 - 10），可见在样本区间内，银行利率存在单位根，为不平稳序列。

表 3 – 10　变量 *bank* 的 7 阶滞后的 ADF 单位根检验

Augmented Dickey-Fuller 单位根检验观察样本 = 70			
	检验结果值	1% 临界值	5% 临界值	10% 临界值
$Z(t)$	– 1.848	– 4.106	– 3.480	– 3.168
MacKinnon approximate P-value for $Z(t)$ = 0.681 3			

　　对 *bank* 进行一阶差分，产生新变量 *dbank*，其时间变化曲线如图 3 – 27 所示，并检验其平稳性。

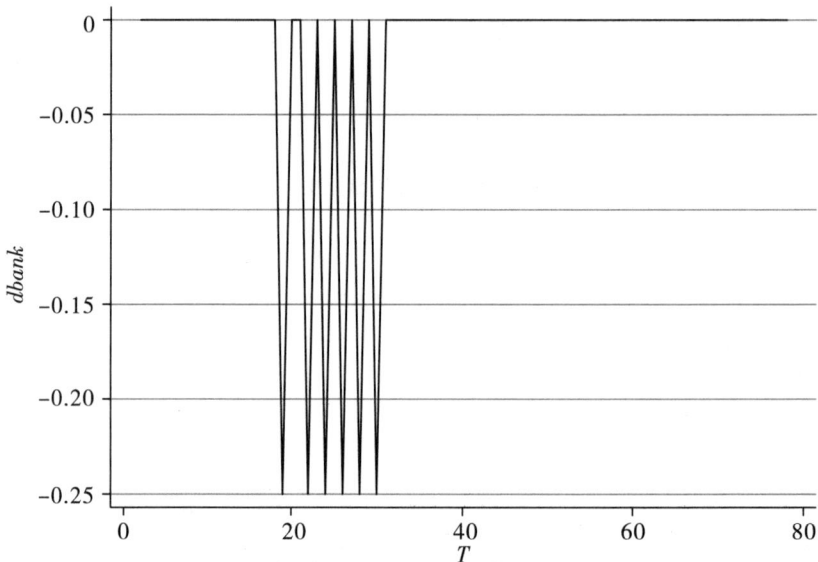

图 3 – 27　变量 *dbank* 的时间变化曲线

　　由图 3 – 28 及图 3 – 29 可见，*dbank* 自相关图 4 阶截尾，偏自相关图 3 阶截尾。

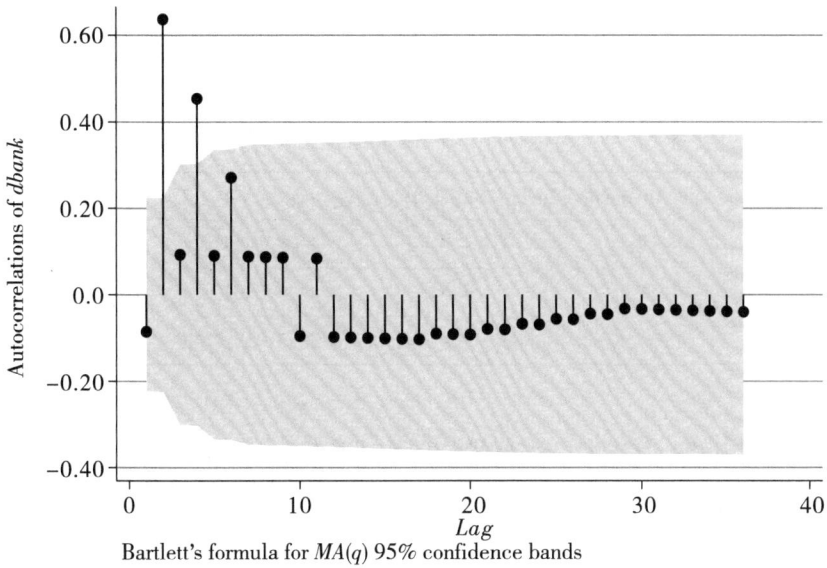

图 3 - 28　*dbank* 的自相关图

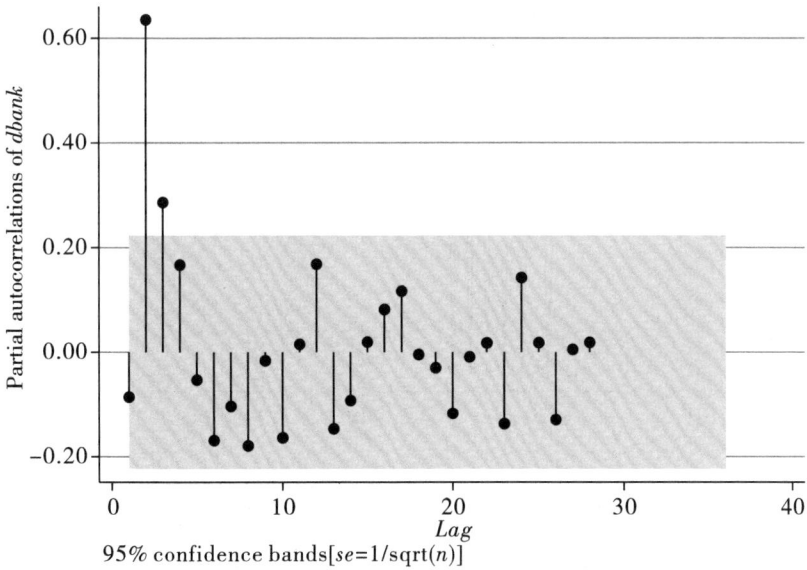

图 3 - 29　*dbank* 的偏自相关图

由表 3 - 11 可见，在 4 阶滞后下（自相关图显示其有 4 阶自相关），ADF 单位根检验显示，银行一年期存款利率一阶差分序列 *dbank* 仍然存在单位根，为非平稳序列。

表 3 – 11　变量 $dbank$ 的 4 阶滞后的 ADF 单位根检验

Augmented Dickey-Fuller 单位根检验观察样本 = 72			
	检验结果值	1% 临界值	5% 临界值	10% 临界值
$Z(t)$	– 1.697	– 3.549	– 2.912	– 2.591
MacKinnon approximate P-value for $Z(t)$ = 0.432 9			

为此，对其再一次差分，形成银行存款利率的二阶差分序列 $ddbank$，其时间变化曲线如图 3 – 30 所示。

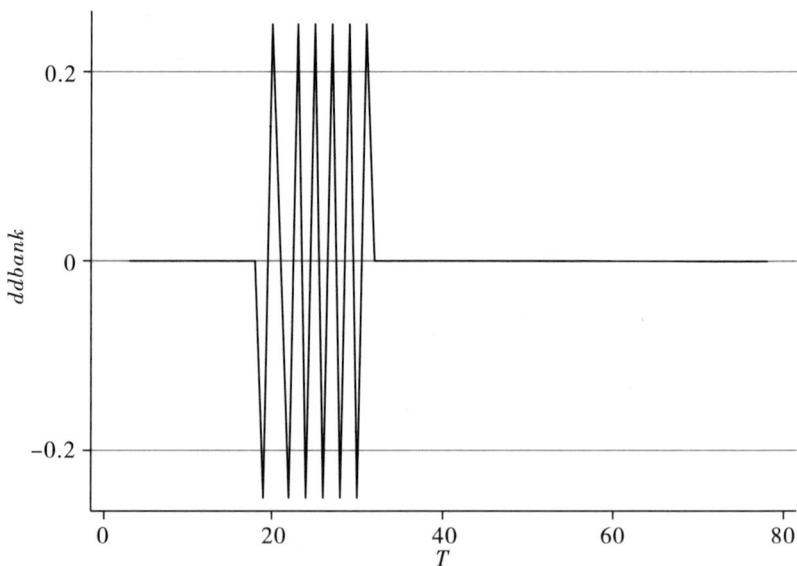

图 3 – 30　变量 $ddbank$ 的时间变化曲线

图 3 – 31 与图 3 – 32 显示，$ddbank$ 的自相关图 1、2、3 阶截尾，偏自相关图拖尾。

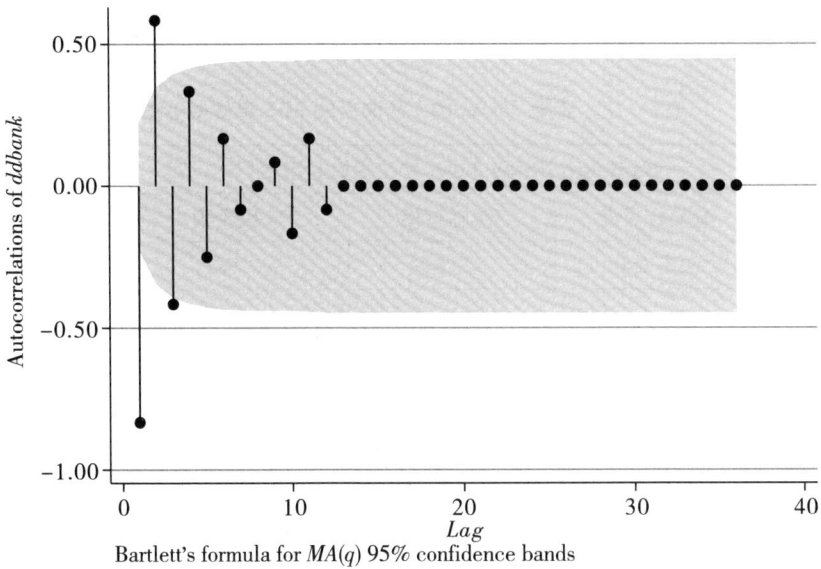

图 3 – 31 *ddbank* 的自相关图

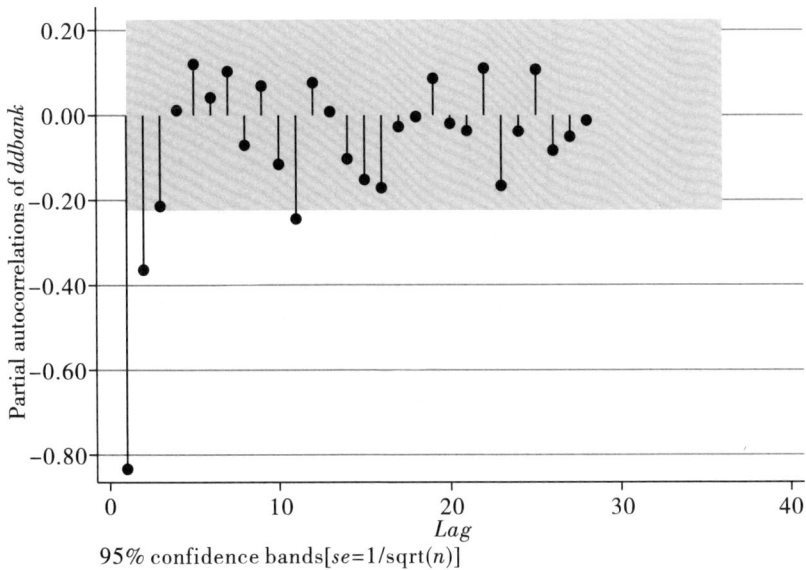

图 3 – 32 *ddbank* 的偏自相关图

ADF 单位根检验显示（见表 3 – 12），*bank* 两次差分后，*ddbank* 在 3 阶滞后下（自相关图显示其有 3 阶自相关），已经平稳了，可以在 1% 的水平上拒绝存在单位根的假设。

表 3 - 12　变量 *ddbank* 的 3 阶滞后的 ADF 单位根检验

Augmented Dickey-Fuller 单位根检验观察样本 =72			
	检验结果值	1% 临界值	5% 临界值	10% 临界值
$Z(t)$	-5.754	-3.549	-2.912	-2.591
MacKinnon approximate *P*-value for $Z(t)$ = 0.000 0			

3.5.5　上证指数月涨跌幅 *stock* 的平稳性

上证指数月涨跌幅 *stock* 的时间变化曲线为图 3 - 33，自相关图为图 3 - 34，偏自相关图为图 3 - 35。

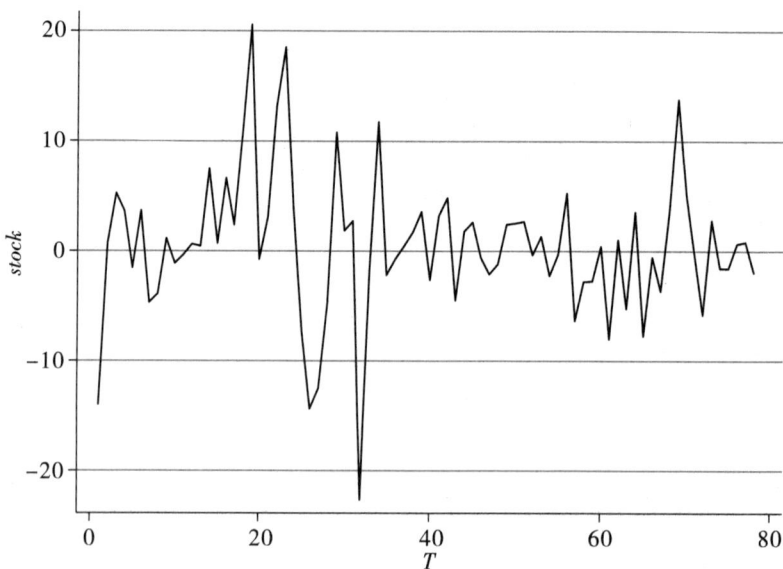

图 3 - 33　变量 *stock* 的时间变化曲线

图 3 - 34 与图 3 - 35 显示，*stock* 变量的自相关图 1 阶截尾，偏自相关图拖尾。

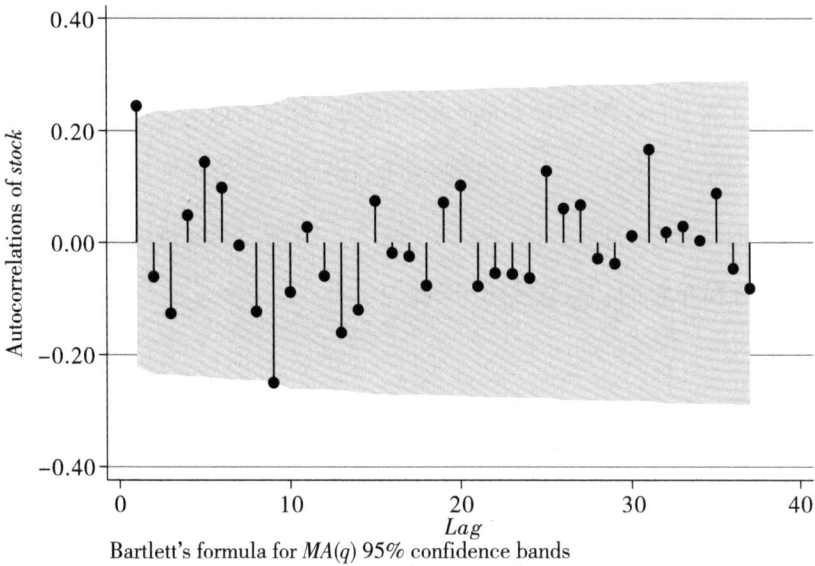

图 3 - 34　*stock* 的自相关图

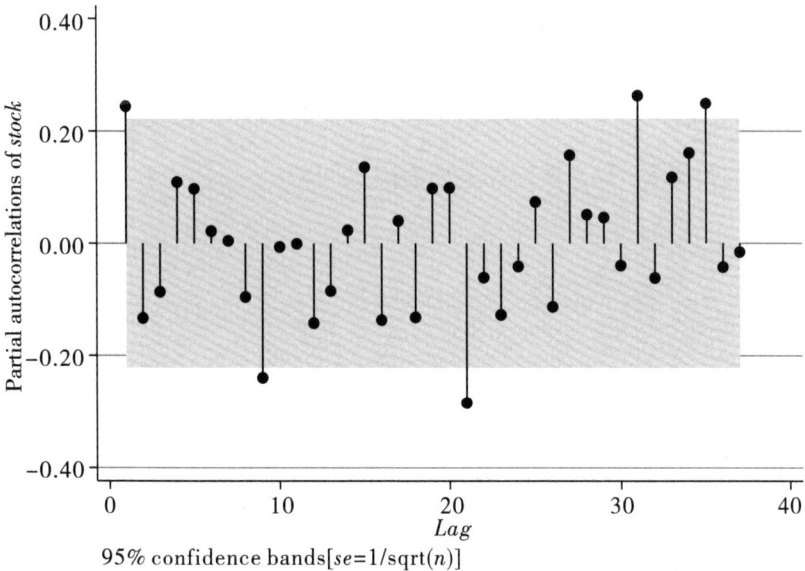

图 3 - 35　*stock* 的偏自相关图

由表 3 - 13 可见，在 1 阶滞后下（自相关图显示其有 1 阶自相关），对 *stock*

的 ADF 单位根检验显示其可以在 1% 的显著性水平上拒绝存在单位根假设，即 *stock* 是良好的平稳序列。可见，上证指数月涨跌幅 *stock* 为平稳序列。正如著名的计算经济学家 Jeffrey M. Wooldridge 所指出的：如果 $\log(y_t)$ 是一阶单整的，则 $\Delta\log(y_t) \approx (y_t - y_{t-1})/y_{t-1}$，即比例或者百分比是零阶单整的。而上证指数每月涨跌幅度的计算方法正是 $(y_t - y_{t-1})/y_{t-1}$，因此，上证指数的上涨与下跌的百分比，是零阶单整的，可直接用于回归中。

表 3 – 13　变量 *stock* 的 1 阶滞后 ADF 单位根检验

Augmented Dickey-Fuller 单位根检验观察样本 = 76			
	检验结果值	1% 临界值	5% 临界值	10% 临界值
$Z(t)$	– 6.012	– 3.544	– 2.909	– 2.590
MacKinnon approximate P-value for $Z(t)$ = 0.000 0			

3.5.6　7 日同业拆借利率 *inbank*7 的平稳化

7 日同业拆借利率 *inbank*7 的时间变化曲线为图 3 – 36，显示其可能会具有趋势，自相关图为图 3 – 37，偏自相关图为图 3 – 38。

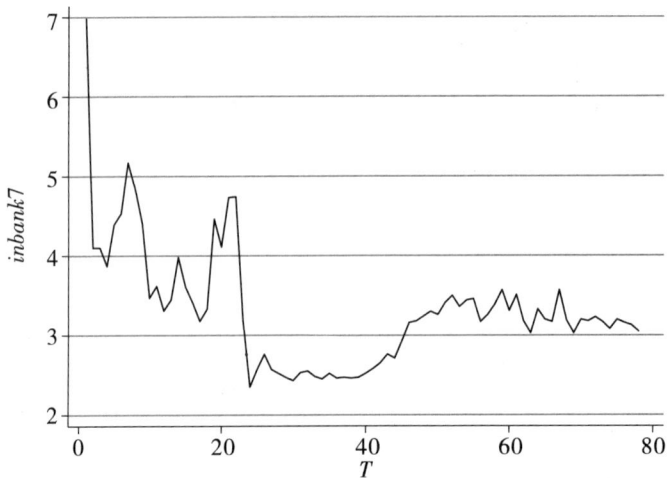

图 3 – 36　变量 *inbank*7 的时间变化曲线

图 3 - 37 与图 3 - 38 显示，*inbank*7 的自相关图 6 阶截尾，偏自相关图拖尾。

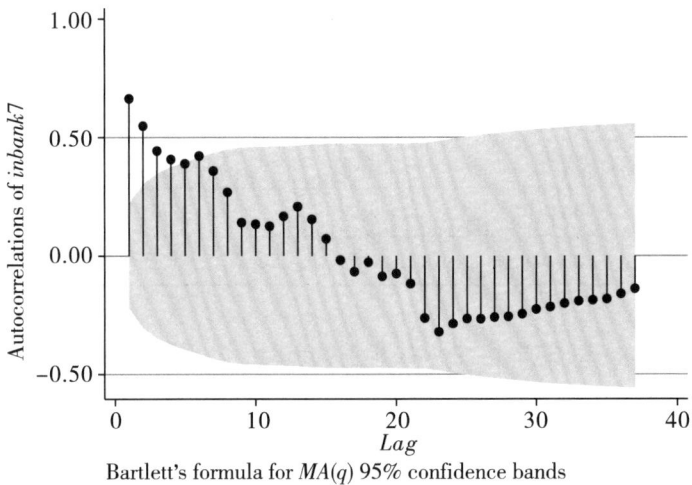

图 3 - 37　*inbank*7 的自相关图

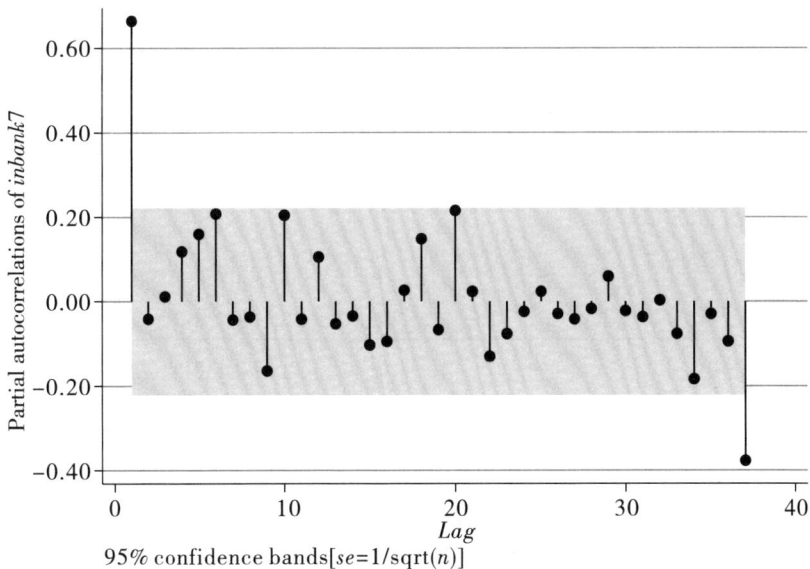

图 3 - 38　*inbank*7 的偏自相关图

由表 3 - 14 可见，在 6 阶滞后下（自相关图显示其有 6 阶自相关），ADF 单位根检验无法拒绝存在单位根的假设，即 7 日同业拆借利率 *inbank*7 是非平稳序列。

表 3 - 14　变量 *inbank*7 的 6 阶滞后的 ADF 单位根检验

Augmented Dickey-Fuller 单位根检验观察样本 = 71			
	检验结果值	1% 临界值	5% 临界值	10% 临界值
$Z(t)$	- 2. 444	- 4. 104	- 3. 479	- 3. 167
MacKinnon approximate *P*-value for $Z(t)$ = 0. 356 6			

为了改善 *inbank*7 的平稳性，对其进行差分，得序列 *dinbank*7，其时间变化曲线如图 3 - 39 所示，考察其平稳性。

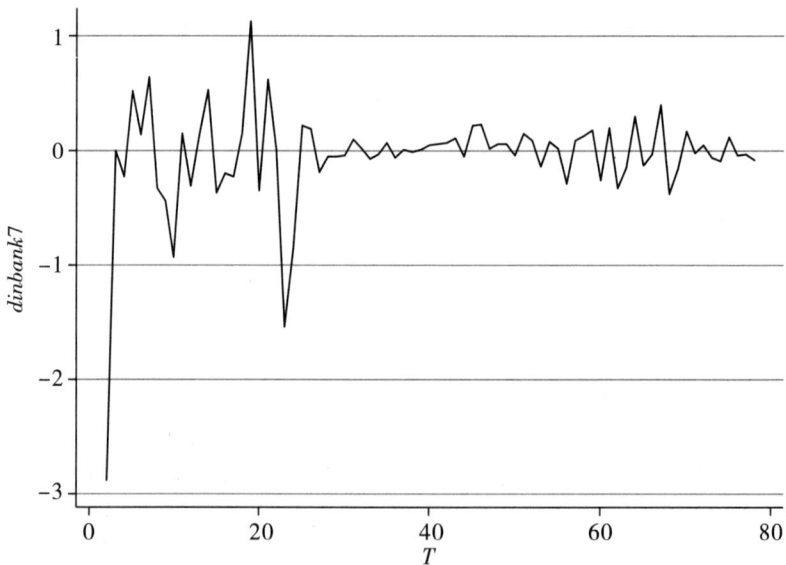

图 3 - 39　变量 *dinbank*7 的时间变化曲线

差分后，*dinbank*7 自相关图（见图 3 - 40）与偏自相关图（见图 3 - 41）皆显示其已经不再存在任何阶的自相关。

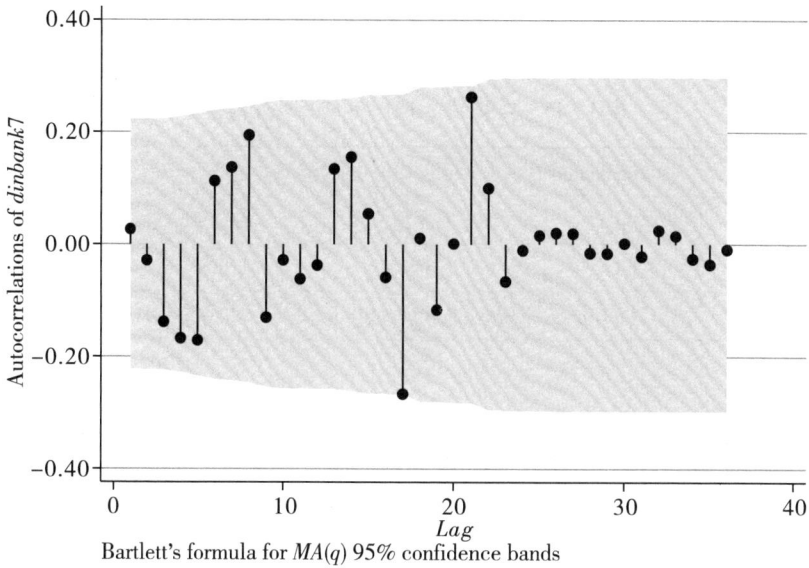

图 3 – 40　*dinbank*7 的自相关图

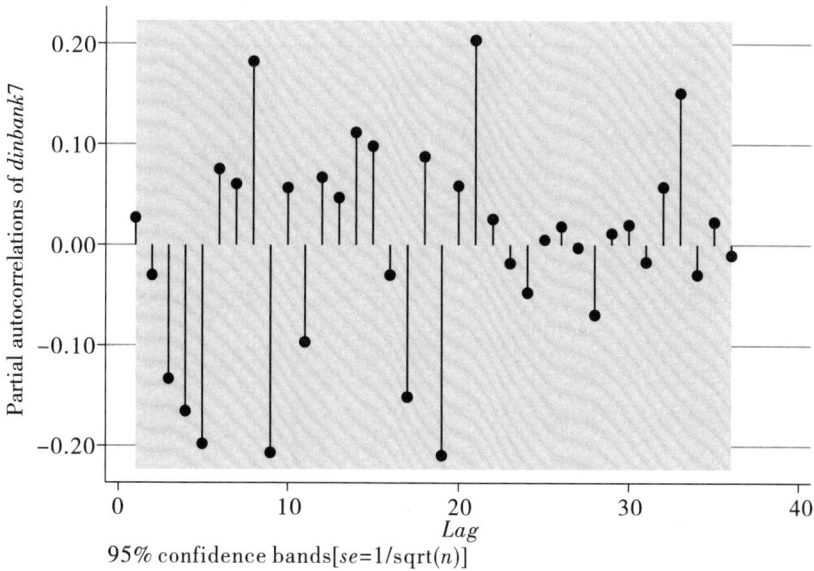

图 3 – 41　*dinbank*7 的偏自相关图

7 日同业拆借利率的差分序列 *dinbank*7 的 ADF 单位根检验（见表 3 – 15）说

明，可以在1%的水平上拒绝存在单位根的原假设，该序列的平稳性相当好。

表3-15　变量 *dinbank*7 的 ADF 单位根检验

Augmented Dickey-Fuller 单位根检验观察样本 = 76			
	检验结果值	1%临界值	5%临界值	10%临界值
$Z(t)$	-11.647	-3.544	-2.909	-2.590
MacKinnon approximate *P*-value for $Z(t)$ = 0.000 0			

3.5.7　平稳化后各变量的对应新变量

通过上述取差分等平稳化处理，6 个原始变量全部具有了良好的平稳性。这些原始变量与处理后的新变量的对照如表3-16 所示。

表3-16　平稳化后各变量的单位根检验情况表

原始变量	原变量的定义	对原变量的 ADF 单位根检验（平稳性）	平稳化后的新变量	对新变量的 ADF 单位根检验（平稳性）
ratio	每月正常运营平台与问题平台的平均规模之比值	在5%水平上拒绝单位根，有一定平稳性但平稳性不强	*dlnratio*	在1%水平上拒绝单位根
acprob	至上个月为止的问题平台企业的累积数量	存在单位根，不平稳	*dlnacprob*	在1%水平上拒绝单位根
new	每月新增平台的平均规模	存在单位根，不平稳	*dlnnew*	在1%水平上拒绝单位根
bank	一年期存款的基准利率	存在单位根，不平稳	*ddbank*	在1%水平上拒绝单位根

（续上表）

原始变量	原变量的定义	对原变量的 ADF 单位根检验（平稳性）	平稳化后的新变量	对新变量的 ADF 单位根检验（平稳性）
stock	上证指数的月涨跌幅度	在 1% 水平上拒绝单位根，平稳	*stock*（原变量平稳，无需处理）	在 1% 水平上拒绝单位根
*inbank*7	7 日同业拆借利率的平均值	存在单位根，不平稳	*dinbank*7	在 1% 水平上拒绝单位根

各原始变量经过平稳化后形成的新变量的描述性统计如表 3 – 17 所示。

表 3 – 17　平稳化后形成的新变量的描述性统计

变量	N	平均值	方差	最小值	最大值
stock	78	0.501	6.595	– 22.65	20.57
*dinbank*7	77	– 0.051 0	0.470	– 2.880	1.130
ddbank	76	0	0.100	– 0.250	0.250
dlnacprob	77	0.100	0.163	0.002 49	1.061
dlnratio	77	– 0.032 3	0.709	– 1.968	2.002
dlnnew	61	– 0.003 83	0.443	– 1.365	1.447

3.6　模型的滞后阶数的确定及不同变量的模型对比

3.6.1　滞后阶数的确定

根据图 3 – 7、图 3 – 8、图 3 – 16、图 3 – 17、图 3 – 22、图 3 – 23、图 3 – 31、

图 3 – 32、图 3 – 34、图 3 – 35、图 3 – 40、图 3 – 41 给出的各变量经平稳化后的自相关图与偏自相关图，各变量的平稳序列的滞后阶数情况如表 3 – 18 所示。

表 3 – 18　各变量的滞后阶数情况

变量	自相关截尾阶数	偏自相关截尾阶数	ARMA（p；q）
dlnratio	1	拖尾	ARMA（0；1）
dlnacprob	1、2、3	1、3	ARMA（1，3；1/3）
dlnnew	1	拖尾	ARMA（0；1）
ddbank	1、2、3	拖尾	ARMA（0；1/3）
stock	1	拖尾	ARMA（0；1）
dinbank7	0	0	ARMA（0；0）

根据表 3 – 18，在使用全部变量进行回归的情况下，应当采用 ARMAX（1，3；0；1/3）模型（由于所有的变量都经过平稳化处理，在回归时已经全部为平稳变量，因此模型中无须再进行差分，即差分的阶数为 0）。

3.6.2　不同自变量的模型的回归结果对比

不同自变量的模型的回归结果如表 3 – 19 所示。

表 3 – 19　不同模型的变量显著性及信息准则及白噪声检验情况

变量	模型 1	模型 2	模型 3
dlnacprob	− 0.381 ***	− 0.317 ***	− 0.307 ***
	（0.048 8）［0.000］	（0.042 6）［0.000］	（0.101）［0.002］
dlnnew		− 0.164	− 0.333 ***
		（0.140）［0.240］	（0.117）［0.005］

（续上表）

变量	模型 1	模型 2	模型 3
ddbank			1.327
			(1.263)[0.294]
stock			0.003 28
			(0.003 33)[0.323]
dinbank7			0.231***
			(0.055 2)[0.000]
regul			−0.036 6**
			(0.015 8)[0.020]
L.ar	0.726	−1.005***	0.928***
	(0.618)	(0.099 0)	(0.088 3)
L3.ar	0.037 8	0.117	−0.300**
	(0.325)	(0.094 3)	(0.118)
L.ma	−2.103***	−0.480***	−2.983***
	(0.709)	(0.116)	(0.002 75)
L2.ma	1.465	−1.000***	2.983***
	(1.188)	(9.88×10^{-7})	(0.000 793)
L3.ma	−0.362	0.480***	−1.000***
	(0.480)	(0.116)	(0.001 98)
Constant	0.016 2***	0.009 78**	0.021 6
	(0.004 22)	(0.004 18)	(0.016 4)
观察样本	77	61	60
赤池信息准则（AIC）	97.953	77.806	65.024
白噪声检验	$Prob > Chi2(36)$ $= 0.997\ 6$	$Prob > Chi2(28)$ $= 0.986\ 7$	$Prob > Chi2(28)$ $= 0.716\ 2$

注：圆括号中为标准误，方括号中为 P 值。***表示显著性水平为 1%，**表示显著性水平为 5%。

模型 1［即式（3-1），注意扰动项 μ_t 中包括了 ARMAX 模型特有的自回归 *L.ar* 及移动平均 *L.ma* 的各阶滞后项，后面的式（3-2）和式（3-3）中的扰动

项 μ_t 也是如此，后面不再加以说明〕为被解释变量 dlnratio 对解释变量 dlnacprob 即爆雷的问题平台积累数量的回归，这是单纯的模型，没有加入任何控制变量。

$$dlnratio_t = \beta_0 + \beta_1 dlnacprob_t + \mu_1 \qquad \text{式（3 - 1）}$$

模型 1 的回归结果显示 dlnacprob 的系数为 - 0.381，且在 1% 的水平上显著，说明"问题平台的累积数量的增量"与"正常运营平台的月平均规模与当月出问题的平台的平均规模的比值"的减量相对应。由于该比值大于 1，而"问题平台的累积数量"必然会不断出现增大，因此这意味着该比值不断地向 1 靠近，即随着问题平台的不断出现，后面发生问题的平台的规模渐渐变得越来越大。不过从表 3 - 19 中可以看出，与增加控制变量的其他模型相比，模型 1 的赤池信息准则（AIC）的值最高，说明该模型严重缺少变量，因此它不是一个完整的模型。

$$dlnratio_t = \beta_0 + \beta_1 dlnacprob_t + \beta_2 dlnnew_t + \mu_t \qquad \text{式（3 - 2）}$$

模型 2〔式（3 - 2）〕是在模型 1 基础上增加了当月新上线的平台的平均规模变量 dlnnew。这是因为考虑到一个问题：万一问题平台的规模不断增大不是由出问题平台的数量增加导致的而是由新增平台的平均模型不断变大引起的呢？因此，模型 2 中增加了这个新增平台平均规模的控制变量，由此来观察爆雷的问题平台积累数量的变量 dlnacprob 的系数是否变得不再显著。如果这样，就说明问题平台的规模不断增大不是问题平台的数量增加引起的，这样就会否定了本书提出的风险爆发的引信效应。但实际情况是，在增加了当月新上线的平台的平均规模变量 dlnnew 后，dlnacprob 的系数仍然显著，反而是当月新上线的平台的平均规模变量 dlnnew 的系数并不显著，说明了问题平台的规模不断增大只与爆雷平台不断增多有关，而与新上线平台的规模变化无关，由此证明了风险爆发的确是由引信效应引起的。

$$dlnratio_t = \beta_0 + \beta_1 dlnacprob_t + \beta_2 dlnnew_t + \beta_3 ddbank_t +$$
$$\beta_4 stock_t + \beta_5 dinbank7_t + \beta_6 regul_t + \mu_t \qquad 式（3-3）$$

模型 3［式（3-3）］在模型 2 的基础上增加了有可能影响被解释变量 *dlnratio* 的一些控制因素：银行存款利率 *ddbank*、上证指数的月涨跌幅 *stock*、7 日同业拆借平均利率 *dinbank*7、政策虚拟变量 *regul*。这些因素均可能会影响 P2P 平台的客户行为以及平台的经营环境，包括客户对 P2P 平台的投资与取现等，从而对 P2P 平台能否正常运行产生影响。从模型 3 的回归结果来看，解释变量 *dlnacprob* 仍然为负值并且在 1% 的水平上显著，说明爆雷平台的规模会随着爆雷平台数量的增加而变大，再一次证明了引信效应的存在。在控制变量中，当月新上线的平台的平均规模变量 *dlnnew*、7 日同业拆借平均利率 *dinbank*7 在 1% 的水平上显著，但从这些变量的 *P* 值来看，*dlnnew* 仍然不如解释变量 *dlnacprob* 显著，因此引信效应仍然是 P2P 平台爆雷的主要原因。*dinbank*7 显著则说明短期资金紧缺情况对 P2P 平台经营情况有一定影响。政策虚拟变量 *regul* 则只在 5% 的水平上显著，与解释变量 *dlnacprob* 在显著水平上相差一个等级，说明 P2P 平台爆雷主要是引信效应引起的而不是政策出台导致的。银行存款利率 *ddbank*、上证指数的月涨跌幅 *stock* 等不显著，说明较长时间内的资金供求关系对 P2P 平台爆雷无影响。

在表 3-19 中，所有的模型回归一律使用异方差稳健标准误，以防止异方差对回归的干扰。

由表 3-19 可见，随着模型中变量的增加，模型的赤池信息准则（AIC）逐渐变小，但模型残差的白噪声性在变差（即 *Prob > Chi*2 在变小，也就是如果拒绝残差为白噪声的原假设，则犯错误的概率在变小）。其中的原因，主要是加入更多控制变量会引起多重共线性，从而造成标准误增大，导致白噪声变差。可见，由于存在白噪声性要求的制约，因此不宜加入过多的控制变量。

3.7　本章小结

本章针对金融科技企业风险防范问题，以中国的 P2P 行业的风险暴露过程为研究素材，通过统计实证与相应的理论分析，发现了风险沿着企业的资质链从低到高爆发的现象，并将之命名为"引信效应"。这种形式的风险爆发，对行业的打击是致命的。此外，从引信效应的机理可以看出，凡是对客户信任高度依赖的行业，就容易出现引信效应，而金融业正是这样的行业。因此，在 P2P 领域出现引信效应就不奇怪了。

为此，对于金融科技等这类新兴的行业或领域，无论是政府等市场监管部门还是企业经营者，都应当对可能发生的引信效应保持高度的警惕。在这方面，本章对市场监管部门及企业经营者也有一些初步的建议。

对政府等市场监管部门，本章的建议为：

第一，要防止高风险企业的大量出现，比如，适当提高进入门槛，建立对高风险企业的定期评估与清理制度等。其中，要特别防止各种以"创新""新经济""新业态""高科技"等漂亮词汇为掩盖的投机与欺骗行为，对于各种听起来"高大上"的说法保持高度的警惕，绝不能让大量的低资质企业轻而易举地"粉墨登场"，危害整个行业。

第二，对于新兴行业或者领域，在决定进入门槛之前，必须研究和评估资质相对较低的小企业是否能够形成引信效应，如果这类企业具有形成引信效应的潜在威胁，则必须一开始就设立较高的进入门槛。只有确信不会诱发引信效应，才能以较低的门槛放开市场。

第三，在清理高风险企业时，要重视对制度接口的设计，即要同时出台具有阻断引信效应的制度与政策，防止因高风险企业的退出而形成具有传染作用的引信效应。

第四，由于政府通常对于新型企业缺乏充分的了解并且没有管理经验，但如果完全禁止又可能会丧失发展机遇，因此要充分利用"监管沙箱（Sandbox）"的作用，在小范围内实验取得成功经验后再大面积推广。实际上，国内大量的 P2P 平台倒闭，背景正是缺少小规模小范围的实验，导致在没有监管经验和有效的监管制度与手段的情况下，P2P 平台出现了爆炸式的增长。

对于企业经营者，有两点需要注意：

一是在经营中要十分注意观察行业内是否堆积了大量的高风险企业。如果存在大量高风险企业，则要提早做好防护措施，预防在发生引信效应时被波及。

二是在企业投资决策过程中，要对那些进入门槛低和企业数量突然大量增加的领域抱有戒心，因为形成引信效应的前兆，正是行业内出现大量的低资质企业。

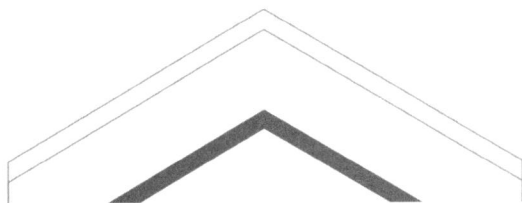

第 4 章

引信效应的稳健性检验

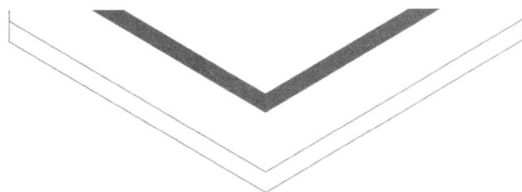

4.1 引信效应的稳健性问题

由于金融科技企业风险爆发的引信效应是本书一个较为重要的发现，为了慎重起见，必须对其进行稳健性检验。

所谓稳健性检验，主要是检查统计回归中所得到结论的可靠性，即检查该结论是否只是一个在特定的回归中存在的现象，并不是具有普遍性的结果。如果通过稳健性检验发现该结果不稳健，则说明该结果只是一种在特定条件下存在的现象，并不具有普遍性。反之，如果通过检验证明了结论是稳健的，则该结论具有良好的普遍意义，是一个有重要理论意义的发现。

目前，常用的稳健性检验方法，有如下几种：

第一是变量替换方法。该方法主要是用其他变量对回归模型中的被解释变量或者解释变量进行替换，重新进行回归。如果结论仍然成立，则该结果是稳健的；反之，则不稳健。

第二是改变变量数量的方法。该方法主要是改变回归模型中的解释变量或控制变量，从而在一定程度上改变原模型，重新进行回归。如果结论仍然成立，则该结果是稳健的；反之，则不稳健。

第三是改变回归模型的形式，如将 OLS 模型转变成 ARIMAX 模型，将单纯的时间序列模型转变成面板模型，或者改变同一种类模型的滞后阶数，等等，然后重新进行回归。如果结论仍然成立，则该结果是稳健的；反之，则不稳健。

第四是改变样本时期，看看回归结论是否仍然成立。如果成立，则说明回归的结论是稳健的；反之，是不稳健的。

对于第 3 章中模型 1、模型 2、模型 3 的稳健性，本章用如下几种方法进行稳健性检验。

4.2   增加控制变量没有降低解释变量的显著性

一般来说，如果模型不稳健，特别是当解释变量的设置不正确时，增加控制变量后会导致解释变量的显著性水平下跌，甚至会使其变得不再显著。如果出现了这样的情况，则说明模型对控制变量种类的变化很敏感，从而不稳健。有可能被解释变量的变化不是主要由解释变量引起的，因此模型设置有问题。

第 3 章中的模型 1 中自变量只有解释变量，模型 2 开始增加新增平台的平均规模作为控制变量，模型 3 又在模型 2 的基础上增加了银行存款利率、上证指数月涨跌幅、7 日同业拆借利率、政策虚拟变量等新的控制变量。结果表明，无论增加什么样的控制变量，均没有改变解释变量 *dlnacprob* 的良好显著性（在 1% 的水平上显著，见表 3 – 19）。这说明模型的稳健性良好，同时也有力地证明了问题平台的累积数量的确是引起问题平台的平均规模渐渐变大的原因，从而证明了在 P2P 平台爆雷过程中引信效应的存在。

4.3   改变因变量后重新回归仍然清楚地显示引信效应

为了进一步考察模型的稳健性，现使用新的被解释变量，使新的被解释变量与原来的被解释变量 *ratio* 的变化方向相反，观察解释变量的系数符号是否也会随之相反。如果被解释变量换成与原被解释变量方向相反的新变量后，解释变量系数的正负号也随之变化，则说明模型的结果不会因为改变被解释变量的变化方向而改变，从而证明了模型是稳健的，其结果不依赖于被解释变量的具体形式，模型对被解释变量的形式不敏感。

在原模型中，原来的被解释变量 *ratio* 会随着解释变量 *acprob* 变大而变小。现在将问题平台的月平均规模 *prob2* 作为新的被解释变量替换原来的被解释变量 *ratio*。由于 *ratio* 是正常平台的月平均规模与问题平台的月平均规模之比，并且其初始值大于 1，因此 *prob2* 变大时，*ratio* 会变小，二者变化方向相反。然后，重新用 ARIMAX 模型回归。

4.3.1　问题平台的月平均规模 *prob2* 的平稳性分析

首先考察新的被解释变量 *prob2* 的平稳性，如果不平稳，则需要对其进行平稳化处理，其时间变化曲线如图 4 - 1 所示。

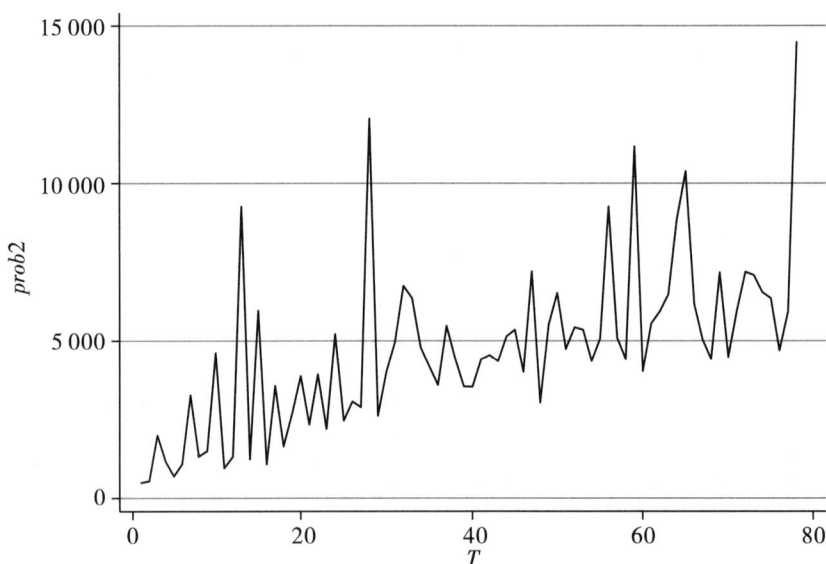

图 4 - 1　变量 *prob2* 的时间变化曲线

由图 4 - 2 可见，*prob2* 的自相关图 6 阶截尾。由图 4 - 3 可见，*prob2* 的偏自相关图拖尾。

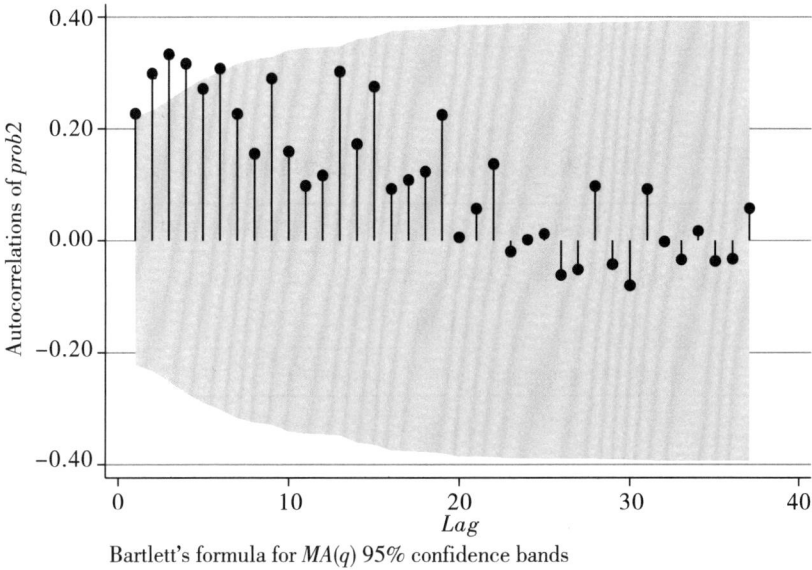

Bartlett's formula for $MA(q)$ 95% confidence bands

图 4 - 2　变量 *prob2* 的自相关图

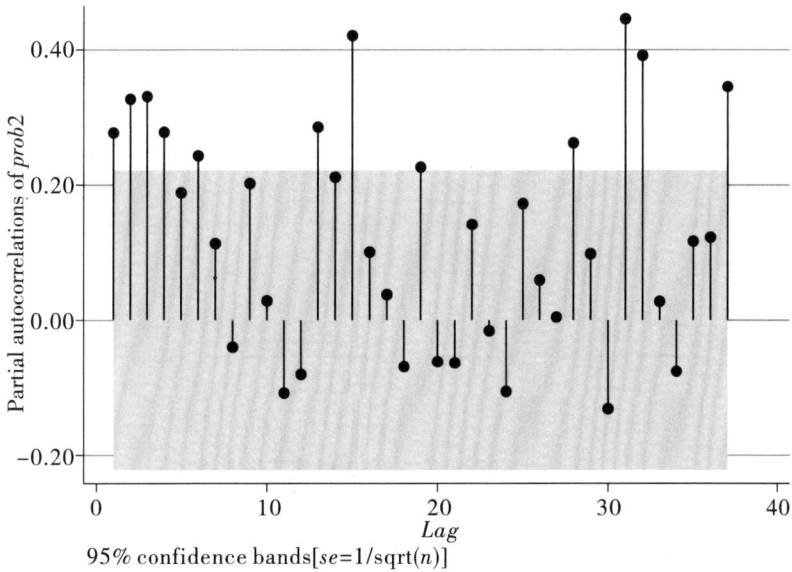

95% confidence bands[$se=1/\mathrm{sqrt}(n)$]

图 4 - 3　变量 *prob2* 的偏自相关图

表 4 - 1 表明，*prob2* 数据序列不平稳，存在单位根，没能通过 ADF 单位根检

验。因此，对 *prob2* 取对数后再差分，形成新的变量 *dlnprob2*，然后再考察其平稳性。

表 4 - 1　*prob2* 的 ADF 单位根检验

Augmented Dickey-Fuller 单位根检验观察样本 = 71				
	检验结果值	1% 临界值	5% 临界值	10% 临界值
$Z(t)$	- 3.139	- 4.104	- 3.479	- 3.167
MacKinnon approximate P-value for $Z(t)$ = 0.097 3				

由图 4 - 4 可见，*dlnprob2* 序列已经没有趋势了。

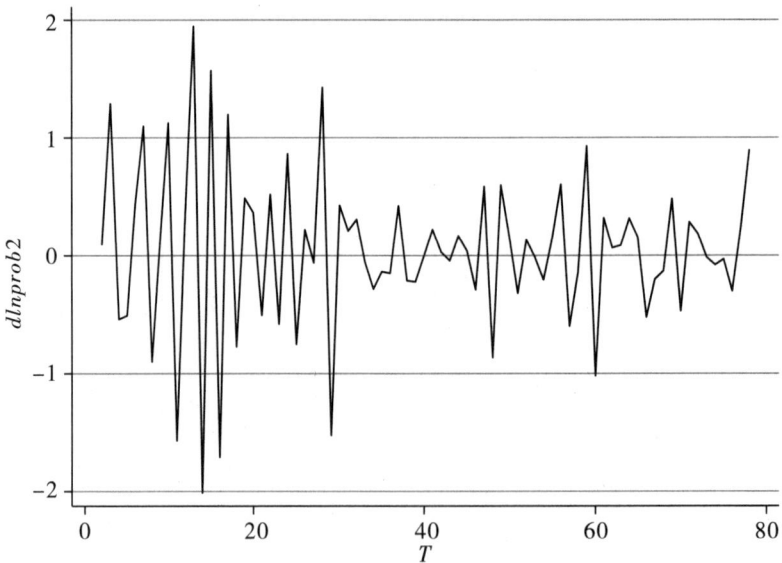

图 4 - 4　变量 *dlnprob2* 的时间变化曲线

由图 4 - 5 可见，变量 *dlnprob2* 的自相关图 1 阶截尾。

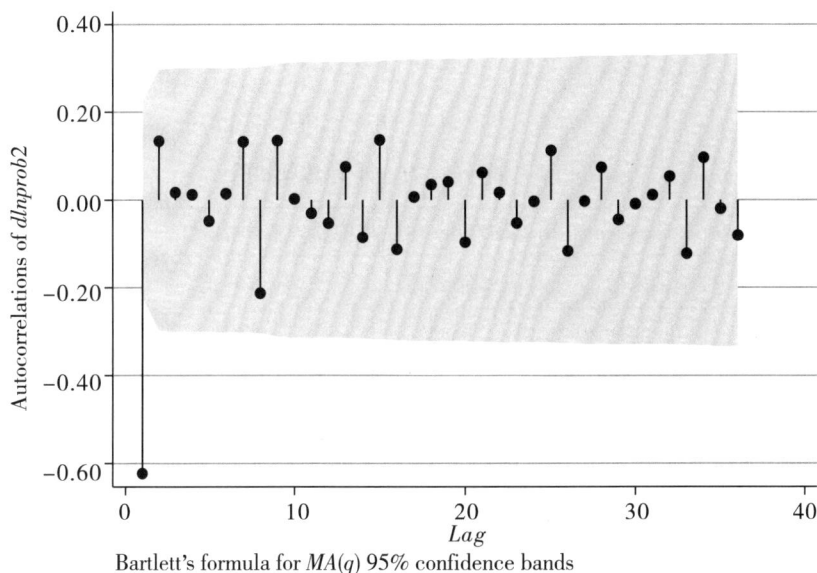

Bartlett's formula for $MA(q)$ 95% confidence bands

图 4 - 5　变量 *dlnprob2* 的自相关图

由图 4 - 6 可见，变量 *dlnprob2* 的偏自相关图拖尾。

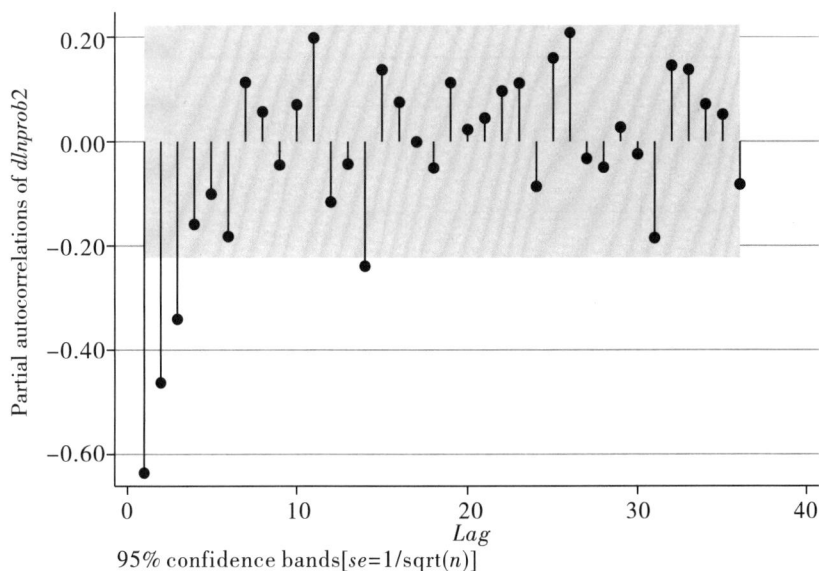

95% confidence bands[$se=1/\mathrm{sqrt}(n)$]

图 4 - 6　变量 *dlnprob2* 的偏自相关图

由表4-2可见，*dlnprob*2 的 ADF 单位根检验在1%的水平上拒绝单位根，平稳性良好。

表4-2　*dlnprob*2 的 ADF 单位根检验

Augmented Dickey-Fuller 单位根检验观察样本 =75			
	检验结果值	1% 临界值	5% 临界值	10% 临界值
$Z(t)$	-12.923	-3.545	-2.910	-2.590
MacKinnon approximate *P*-value for $Z(t)$　=0.000 0			

4.3.2　新被解释变量下的 ARMAX 回归

对新的被解释变量 *dlnprob*2 做 ARMAX（1，3；0；1/3）回归，并使用异方差稳健标准误。其结果如表4-3所示。

表4-3　以 *dlnprob*2 为被解释变量的 ARMAX 回归

变量	模型 4	模型 5	模型 6
dlnacprob	0.277 * * *	0.258 * * *	0.239 * * *
	(0.033 1)	(0.036 3)	(0.092 3)
dlnnew		0.187	0.347 * * *
		(0.124)	(0.102)
ddbank			-1.485
			(1.161)
stock			-0.003 61
			(0.003 00)
*dinbank*7			-0.149 * * *
			(0.048 2)

（续上表）

变量	模型 4	模型 5	模型 6
regul			0.022 6
			(0.014 3)
L. ar	0.233	-1.009^{***}	0.871^{***}
	(0.630)	(0.096 8)	(0.100)
L3. ar	0.070 8	0.115	-0.264^{**}
	(0.220)	(0.093 6)	(0.117)
L. ma	-1.746^{***}	-0.557^{***}	-2.982^{***}
	(0.592)	(0.123)	(0.002 48)
L2. ma	0.903	-1.000^{***}	2.982
	(0.921)	(4.76×10^{-6})	(0)
L3. ma	-0.157	0.557^{***}	-1.000^{***}
	(0.347)	(0.123)	(0.002 50)
Constant	0.000 394	0.001 03	-0.003 16
	(0.002 62)	(0.003 46)	(0.015 1)
观察样本	77	61	60
赤池信息准则（AIC）	86.002	72.192	57.268
白噪声检验	$Prob > Chi2(36)$ $= 0.998\ 0$	$Prob > Chi2(28)$ $= 0.989\ 6$	$Prob > Chi2(28)$ $= 0.783\ 0$

注：圆括号中为标准误。＊＊＊表示显著性水平为 1%，＊＊表示显著性水平为 5%。

在模型 4、模型 5、模型 6 中，解释变量 *dlnacprob* 仍然在 1% 的水平上显著，并且该变量的系数变为正号。这是因为在模型 4、模型 5、模型 6 中被解释变量被换成了 *dlnprob2*，这时 *dlnacprob* 的系数变为正号，表示新的问题平台的平均规模的变大与已经爆雷的问题平台的累积数量的增量正相关。由于已经爆雷的问题平台的累积数量是一个不断产生增量的变量，因此新的问题平台的平均规模也会不断变大。

这与第 3 章中的模型 1、模型 2、模型 3 的 *dlnacprob* 的系数为负号的结果，即 *acprob* 的增量与 *ratio* 的减量相对应这一结果是一致的，都表明了新出现的问题平台的平均规模渐渐地由小于正常运营平台的平均规模变得与正常运营平台的平均规模相接近。这个结果再次证明了引信效应的客观存在。

4.4　去掉政策变量后的 ARMAX 回归仍然显示引信效应

前述模型中的政策控制变量 *regul* 表示宏观政策对 P2P 平台企业风险的影响。从回归结果表 4 - 3 可以看出，该因素对 P2P 平台企业风险爆发的引信效应无影响，即国家政策对不同规模的 P2P 平台企业的风险的影响并无差异。因此，现在把该变量去掉，重新使用 ARMAX 模型回归，来检验引信效应这一结论的稳健性。其回归结果如表 4 - 4 所示。

表 4 - 4　以 *dlnprob*2 为被解释变量的 ARMAX 回归

变量	模型 7	模型 8	模型 9
dlnacprob	0.277***	0.258***	0.197***
	(0.033 1)	(0.036 3)	(0.049 0)
dlnnew		0.187	0.300**
		(0.124)	(0.118)
ddbank			-2.686***
			(0.756)
stock			-0.006 75***
			(0.002 43)
*dinbank*7			-0.046 1
			(0.028 2)

（续上表）

变量	模型 7	模型 8	模型 9
L. ar	0.233	−1.009***	0.001 70
	(0.630)	(0.096 8)	(0.788)
L3. ar	0.070 8	0.115	0.088 5
	(0.220)	(0.093 6)	(0.248)
L. ma	−1.746***	−0.557***	−1.870***
	(0.592)	(0.123)	(0.669)
L2. ma	0.903	−1.000***	0.748
	(0.921)	(4.76×10^{-6})	(1.338)
L3. ma	−0.157	0.557***	0.126
	(0.347)	(0.123)	(0.671)
Constant	0.000 394	0.001 03	0.013 7***
	(0.002 62)	(0.003 46)	(0.004 30)
赤池信息准则（AIC）	86.002	72.192	66.233
对残差的白噪声检验	*Prob* > *Chi2*(36) = 0.998 0	*Prob* > *Chi2*(28) = 0.989 6	*Prob* > *Chi2*(28) = 0.854 7

注：圆括号中为标准误。＊＊＊表示显著性水平为 1%，＊＊表示显著性水平为 5%。

　　模型 7 为被解释变量 *dlnprob*2 对解释变量 *dlnacprob* 即爆雷的问题平台积累数量变量的回归。回归结果显示 *dlnacprob* 的系数为 0.277，且在 1% 的水平上显著，说明随着问题平台积累数量的增加，后面出现问题而爆雷的平台的平均规模会变得越来越大。

　　模型 8 是在模型 7 基础上增加了当月新上线的平台的平均规模变量 *dlnnew*，该模型的用途，主要用来检验问题平台的规模不断增大是否是新增平台的平均规模不断变大引起的（如果是这样，就否定了问题平台的规模变大是问题平台的数量增加导致的，从而否定了引信效应，这是为了检验引信效应是否的确存在而设计的）。回归结果显示，增加了 *dlnnew* 后，*dlnacprob* 的系数仍然显著（达到了

1% 水平), 但 *dlnnew* 的系数不显著。这充分说明了问题平台的规模变大, 并不是当月新上线的平台的平均规模变量 *dlnnew* 引起的, 而是仅与爆雷平台不断增多有关, 由此充分证明了引信效应的存在。

模型 9 在模型 8 的基础上增加了有可能影响被解释变量 *dlnprob2* 的一些控制因素, 比如, 银行存款利率 *ddbank*、上证指数月涨跌幅 *stock*、7 日同业拆借利率 *dinbank7* 等。从模型 9 的回归结果来看, 解释变量 *dlnacprob* 的系数仍然为正值并且在 1% 的水平上显著, 说明爆雷的平台规模会随着爆雷平台数量的增加而变大, 再一次证明了引信效应的存在。在控制变量中, *dlnnew* 的系数仍然不十分显著 (仅 5% 水平)。说明了问题平台的规模变大, 主要还是与爆雷平台不断增多有关。从其他控制变量来看, 银行存款利率 *ddbank*、上证指数月涨跌幅 *stock* 都在 1% 水平上显著, 但 7 日同业拆借利率 *dinbank7* 不显著, 说明了影响网络借贷的因素多为个人或小企业的行为, 其行为受银行利率与股票市场影响较大, 而 7 日同业拆借利率等银行行为则对网络借贷无影响。

4.5　改变 ARMAX 模型的滞后阶数仍然显示引信效应

从模型的滞后阶数的角度来说, 前面各种模型都是 ARMAX (1, 3; 1/3), 为了进一步检验引信效应的稳健性, 改变模型的滞后阶数, 被解释变量仍然是 *dlnratio*, 但采用 ARMAX (1/3; 1/3) 模型重新回归, 对前面的 ARMAX (1, 3; 0; 1/3) 模型的回归结果进行稳健性检验, 回归结果如表 4 - 5 所示。

表 4 - 5　ARMAX（1/3；1/3）模型的变量显著性和信息准则及白噪声检验情况

变量	模型 10	模型 11	模型 12
dlnacprob	− 0. 371 * * *	− 0. 316 * * *	− 0. 251 * * *
	（0. 043 4）	（0. 040 6）	（0. 068 1）
dlnnew		− 0. 156	− 0. 269 *
		（0. 136）	（0. 150）
ddbank			2. 781 * *
			（1. 277）
stock			0. 007 07 * *
			（0. 003 34）
dinbank7			0. 041 8
			（0. 047 3）
L. ar	− 0. 610 * *	− 1. 348 * * *	− 0. 173
	（0. 253）	（0. 338）	（0. 654）
L2. ar	− 1. 020 * * *	− 0. 525	0. 227
	（0. 209）	（0. 572）	（0. 259）
L3. ar	− 0. 210	− 0. 096 8	0. 214
	（0. 157）	（0. 278）	（0. 208）
L. ma	− 0. 734 * * *	− 0. 170	− 1. 569 * * *
	（0. 191）	（0. 281）	（0. 593）
L2. ma	0. 694 * * *	− 1. 000 * * *	0. 146
	（0. 172）	（$1. 20 \times 10^{-5}$）	（1. 186）
L3. ma	− 0. 960 * * *	0. 170	0. 428
	（0. 111）	（0. 281）	（0. 596）
Constant	0. 015 0 * * *	0. 009 69 * *	− 0. 003 35
	（0. 003 61）	（0. 003 98）	（0. 007 28）
赤池信息准则（AIC）	96. 800 33	79. 260 26	74. 669 89
对残差的白噪声检验	*Prob > Chi2*（36）= 0. 996 6	*Prob > Chi2*（28）= 0. 991 0	*Prob > Chi2*（28）= 0. 840 9

注：圆括号中为标准误。＊＊＊表示显著性水平为 1%，＊＊表示显著性水平为 5%，＊表示显著性水平为 10%。

表4-5中，模型10为被解释变量 *dlnratio* 对解释变量即爆雷的问题平台积累数量变量 *dlnacprob* 的回归，这是单纯的模型，没有加入任何控制变量。回归结果显示 *dlnacprob* 的系数为 -0.371，且在1%的水平上显著，说明：随着问题平台数量的累积增加，正常运营平台的月平均规模与当月问题平台的平均规模的比值向下变化。由于该比值大于1，因此这种变化意味着该比值向1靠近，即随着问题平台的不断出现，后面出现问题的平台的规模渐渐变得越来越大。不过从表4-5中仍然可以看出，与增加控制变量的其他模型相比，模型10的赤池信息准则（AIC）的值最高，说明该模型严重缺少变量，因此它不是一个完整的模型。

与第3章中的模型2类似，模型11是在模型10基础上增加了当月新上线的平台的平均规模变量 *dlnnew*，用来考察问题平台的规模不断增大是否不是出问题平台的数量增加导致的，而是新增平台的平均规模不断变大引起的。因此，模型11中增加了新增平台的平均规模这个控制变量，由此来观察爆雷的问题平台积累数量的变量 *dlnacprob* 的系数是否变得不再显著。如果是这样，就说明问题平台的规模不断增大不是出问题平台的数量增加引起的，这样就会否定了本书提出的引信效应。但实际情况是，在增加了当月新上线的平台的平均规模变量 *dlnnew* 后，*dlnacprob* 的系数仍然显著，反而是当月新上线的平台的平均规模变量 *dlnnew* 的系数不显著，从而再次证明了引信效应导致风险爆发的可靠性。

模型12在模型11的基础上增加了有可能影响被解释变量 *dlnratio* 的一些控制因素，包括银行存款利率 *ddbank*、上证指数月涨跌幅 *stock*、7日同业拆借利率 *dinbank7*。这些因素均可能会影响P2P平台的客户行为，包括客户对P2P平台的投资与取现等。这些客户行为均会对P2P平台能否正常运行产生影响。模型12中，解释变量 *dlnacprob* 仍然在1%的水平上显著，在控制变量中，当月新上线的平台的平均规模变量 *dlnnew*、银行存款利率 *ddbank*、上证指数月涨跌幅 *stock* 也在一定程度上显著，但显著水平不如解释变量 *dlnacprob* 高。而7日同业拆借利率 *dinbank7* 不显著，说明其对被解释变量无影响。

在表 4 – 5 中，所有的模型回归一律使用异方差稳健标准误，以防止异方差对回归的干扰。

由表 4 – 5 可见，模型 12 的赤池信息准则（AIC）最小（约 74.67），同时模型 12 的残差的白噪声性也很好 [$Prob > Chi2(28) = 0.8409$，即如果拒绝残差为白噪声的原假设，则犯错误的概率高达 0.8409]。下面给出模型 12 的数学表达式：

$$dlnratio_t = \beta_0 + \beta_1 dlnacprob_t + \beta_2 dlnnew_t + \beta_3 ddbank_t + \beta_4 stock_t + \beta_5 dinbank7_t + \mu_t$$

式（4 – 1）

$$\mu_t = \rho_1 \mu_{t-1} + \rho_2 \mu_{t-2} + \rho_3 \mu_{t-3} + \varepsilon_t + \theta_1 \varepsilon_{t-1} + \theta_2 \varepsilon_{t-2} + \theta_3 \varepsilon_{t-3}$$

其中，ε_t 为白噪声。

根据式（4 – 1），有：

$$dlnratio_t = \beta_0 \beta_1 dlnacprob_t + \beta_2 dlnnew_t + \beta_3 ddbank_t + \beta_4 stock_t + \beta_5 dinbank7_t +$$
$$\rho_1 \mu_{t-1} + \rho_2 \mu_{t-2} + \rho_3 \mu_{t-3} + \varepsilon_t + \theta_1 \varepsilon_{t-1} + \theta_2 \varepsilon_{t-2} + \theta_3 \varepsilon_{t-3} \qquad 式（4 – 2）$$

以及：

$$\mu_{t-1} = dlnratio_{t-1} - \beta_0 - \beta_1 dlnacprob_{t-1} - \beta_2 dlnnew_{t-1} - \beta_3 ddbank_{t-1} -$$
$$\beta_4 stock_{t-1} - \beta_5 dinbank7_{t-1}$$

$$\mu_{t-2} = dlnratio_{t-2} - \beta_0 - \beta_1 dlnacprob_{t-2} - \beta_2 dlnnew_{t-2} - \beta_3 ddbank_{t-2} -$$
$$\beta_4 stock_{t-2} - \beta_5 dinbank7_{t-2}$$

$$\mu_{t-3} = dlnratio_{t-3} - \beta_0 - \beta_1 dlnacprob_{t-3} - \beta_2 dlnnew_{t-3} - \beta_3 ddbank_{t-3} -$$
$$\beta_4 stock_{t-3} - \beta_5 dinbank7_{t-3}$$

因此，有：

$$dlnratio_t = \beta_0 + \beta_1 dlnacprob_t + \beta_2 dlnnew_t + \beta_3 ddbank_t + \beta_4 stock_t + \beta_5 dinbank7_t +$$

$$\rho_1 \left(dlnratio_{t-1} - \beta_0 - \beta_1 dlnacprob_{t-1} - \beta_2 dlnnew_{t-1} - \beta_3 ddbank_{t-1} - \beta_4 stock_{t-1} - \right.$$

$$\left. \beta_5 dinbank7_{t-1} \right) + \rho_2 \left(dlnratio_{t-2} - \beta_0 - \beta_1 dlnacprob_{t-2} - \beta_2 dlnnew_{t-2} - \beta_3 ddbank_{t-2} - \right.$$

$$\left. \beta_4 stock_{t-2} - \beta_5 dinbank7_{t-2} \right) + \rho_3 \left(dlnratio_{t-3} - \beta_0 - \beta_1 dlnacprob_{t-3} - \beta_2 dlnnew_{t-3} - \right.$$

$$\left. \beta_3 ddbank_{t-3} - \beta_4 stock_{t-3} - \beta_5 dinbank7_{t-3} \right) + \varepsilon_t + \theta_1 \varepsilon_{t-1} + \theta_2 \varepsilon_{t-2} + \theta_3 \varepsilon_{t-3}$$

$$\text{式 (4 - 3)}$$

其中，ε_t 为白噪声。

在式（4-3）中代入回归结果，得表 4-5 中的模型 12 的具体参数表达式（4-4）：

$$dlnratio_t = -0.003\,35 - 0.251 dlnacprob_t - 0.269 dlnnew_t + 2.781 ddbank_t +$$

$$0.007\,07 stock_t + 0.041\,8 dinbank7_t - 0.173 \left(dlnratio_{t-1} + 0.003\,35 + \right.$$

$$0.251 dlnacprob_{t-1} + 0.269 dlnnew_{t-1} - 2.781 ddbank_{t-1} - 0.007\,07 stock_{t-1} -$$

$$0.041\,8 dinbank7_{t-1} \right) + 0.227 \left(dlnratio_{t-2} + 0.003\,35 + 0.251 dlnacprob_{t-2} + \right.$$

$$0.269 dlnnew_{t-2} - 2.781 ddbank_{t-2} - 0.007\,07 stock_{t-2} - 0.041\,8 dinbank7_{t-2} \right) +$$

$$0.214 \left(dlnratio_{t-3} + 0.003\,35 + 0.251 dlnacprob_{t-3} + 0.269 dlnnew_{t-3} - \right.$$

$$2.781 ddbank_{t-3} - 0.007\,07 stock_{t-3} - 0.041\,8 dinbank7_{t-3} \right) + \varepsilon_t -$$

$$1.569 \varepsilon_{t-1} + 0.146 \varepsilon_{t-2} + 0.428 \varepsilon_{t-3} \qquad \text{式 (4 - 4)}$$

其中，ε_t 为白噪声。

根据表 4-5，解释变量 dlnacprob 即问题平台积累数量在 1% 水平上显著，控制变量中，银行存款利率 ddbank 与上证指数月涨跌幅 stock 在 5% 水平上显著，新平台平均规模 dlnnew 在 10% 的水平上显著。说明问题平台积累数量是影响被

解释变量 *dlnratio* 的最重要因素，银行存款利率与上证指数月涨跌幅及新平台平均规模等对 *dlnratio* 也有一定的影响，但其解释力不如解释变量 *dlnacprob*。再考虑到该模型良好的白噪声检验结果，说明该模型是正确的。

　　同时，由于解释变量即问题平台积累数量的系数 β_1 的符号为负，说明正常运营平台与问题平台的平均规模的比值会随着问题平台积累数量的增加而降低，即正常运营平台与问题平台的平均规模的比值会随着问题平台积累数量变大而从大于 1 向 1 靠近，也就是随着问题平台积累数量不断地增多，新出现的问题平台的平均规模渐渐地由小于正常运营平台的平均规模变得与正常运营平台的平均规模相接近。也就是说，改变 ARMAX 模型的滞后阶数后，P2P 平台爆雷过程中的引信效应仍然存在，从而证明了引信效应的稳健性。

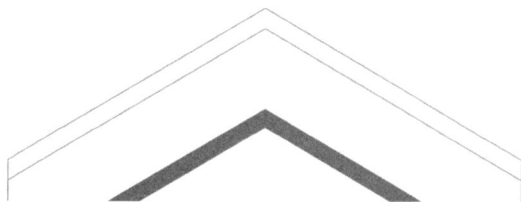

第 5 章

金融科技企业风险防范中的计算机技术

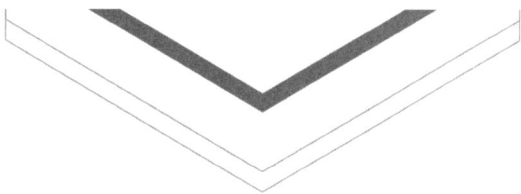

5.1 　金融科技企业风险的制度与设备综合防范策略概述

根据巴塞尔协议Ⅱ，金融类企业的风险主要有操作风险、市场风险、信用风险。为了加强金融企业对操作风险、市场风险、信用风险的防范，COSO（中文名称为"发起人委员会"，美国反虚假财务报告委员会下属单位，COSO 为该机构英文名称 Committee of Sponsoring Organizations 的缩写）2004 年发布《企业风险管理——整合框架》（*Enterprise Risk Management —Integrated Framework*），主张通过围绕企业的经营目标，对可能遇到的风险采用事项识别（即影响风险的因素的监控）与风险评估、制定正确的风险应对策略、制定有效风险控制制度、加强信息沟通制度与渠道、打造全员的风险管理文化等措施。

但是，如何针对各种风险的特点和产生机理，采取更有效更全面的防范措施，目前相关研究不多。本章的内容，主要是在整合本书前面几章的研究成果的基础上，提出风险识别与防范策略——风险的制度与设备综合防范策略，以供决策部门参考。

本书提出的风险的制度与设备综合防范策略，是指针对风险的不同来源，有针对性地采取制度接口设计措施或技术设备措施的防范策略。风险的制度与设备综合防范策略之所以是重要的，是因为影响金融科技企业风险的因素是复杂多样的，既有企业内部的，也有企业外部的。因此，风险识别与应对必须是系统的、全面的，即针对不同的风险特点，分别采用制度的或设备的策略和措施。只有这样，才能够有效地、最大化地使用有限的企业资源，实现最好的风险防范效果。

对于金融科技企业来说，其风险的来源大致可以分为两个类别：一是企业中人的因素导致的风险，比如，员工或高管出于个人利益而产生的道德风险、员工在业务工作中由于疏忽产生的操作风险等；二是技术设备因素导致的风险，比如信息系统由于不完善而遭到攻击，设备有缺陷而产生操作风险等。此外，金融科技企业风险的制度与设备综合防范策略，也可以分为以治理人的因素导致的风险的制度设计措施和采用技术设备来治理企业风险的技术设备措施。

本章主要讨论治理金融科技企业风险的技术设备措施，这方面主要是与计算机技术有关的人工智能技术。而制度接口设计措施，则主要是制度之间相互配合的制度接口设计，将在第 6 章阐述。

治理金融科技企业风险的技术设备措施，从制度接口理论的角度来看，其实质是制度—设备接口，即相应的科学技术设备对目标制度的支撑关系。由于现代科学技术的发展，技术设备对保障管理制度效果的作用越来越大。制度工程学理论的重要特点，是把技术设备的应用作为制度的执行手段之一，在制度设计中强调人与技术设备的相互配合。实际上，现代的科学技术设备其实是制度本身的延伸，它们实际上是制度的有力执行者。

比如，在金融科技企业风险防范制度设计中，一个重要的任务是把该制度的制度—设备接口设计好。比如，为了防止交易数据的丢失，采用字节级数据复制远比文件级数据复制更为可靠。此外，系统热迁移、数据分发、防病毒保护、数据库同步等备灾技术，都能够在减少目前已经高度自动化的电子交易系统中的操作风险方面发挥重要作用。

5.2　操作风险防范中的计算机技术

风险防范的重要前期环节，是对可能的风险进行准确的识别和预警。一般说，从企业管理的角度来看，在风险防范中可以调用的资源总是有限的，因此，在这一环节，如何确定良好的识别与预警策略，就成为一个重要问题。

根据巴塞尔协议Ⅱ，金融科技企业主要有操作风险、市场风险、信用风险。

而本书前面部分的研究表明，这三种风险各自都具有不同特点，且影响这些风险的因素不同，产生这些风险的机理也各不相同。因此，在企业用于风险防范的资源有限的情况下，对这三种风险的识别与预警应当采用不同的策略，以期以最小的成本达到最大化的效果。

金融科技企业的重要特点，是以计算机技术为主的金融科技新技术的大量应用。因此，对于金融科技技术，一方面要从技术层面加以完善，如软件漏洞的发现与核查机制的技术设计等；另一方面要积极应用监管科技来对操作风险（包括人工方面的操作风险与技术方面的操作风险）进行识别和预警。对于金融科技企业来说，及时发现能够导致金融交易数据被窃取和交易指令被篡改等方面的漏洞是重要防护措施。在这方面，我国 2019 年颁布的 GB/T 22239—2019《信息安全技术网络安全等级保护基本要求》对信息系统、云计算、大数据、互联网等提出了一系列防护标准，是金融科技企业识别和评估操作风险的重要指导性文件。

企业内部各类业务管理系统庞杂，各项业务相互独立，各类业务数据数量庞大，以传统的人工方法来完成对其的风险识别与预警，效率很低。因此，企业应当努力实现风险识别的自动化，以金融科技各业务的全周期管理为主线，实现内外部全数据核查，自动对风险因素进行实时监控和预警。

在这方面，可以建设一体化的智能风险识别体系，将企业纵向的业务群管理与横向的核查核对识别相结合，通过建立企业内部数据共享平台，实现企业内部经营数据以及外部公开数据的共享，实现数据分析和挖掘，实现企业各项业务全范围的规范性核查，从而实现对操作风险的早期和快速的识别。

在这方面一个可行的做法是利用大数据挖掘和基于神经网络的机器深度学习技术，建立高度自动化的风险识别系统，采集本企业和同类企业各种操作风险事件的数据，通过机器学习的技术，形成判断操作风险的专家规则，从而通过软件快速、高效率地发现风险苗头和实现预警。

5.3　市场风险防范中的计算机技术

金融科技企业所面临的市场风险主要有汇率动荡、股市反常波动、产品和服务的市场需求变化、国家政策及国际形势变化导致的经营环境变化、竞争格局的改变等。一般来说，如果国家突然出台某种新的监管政策，就会增加企业的市场风险。但是，这些新政策的出台实际上都是有前期信号的，如某种问题逐渐积累，导致社会呼声强烈等。同时，地区的市场化程度对企业风险具有重要的影响。这些风险因素实际上都是可以早期通过判断和分析，并根据分析结果采取一定的风险预防措施，从而减少风险影响的。

因此，金融科技企业对市场风险识别的主要策略是加强市场信息研判，提高市场信息分析和研究的科学性。在数据爆炸的时代，以传统的人工方式来收集和判断信息已经不再适应，应该使用自动化的科技工具，提高信息收集的广度与速度，方能体现市场风险识别的价值和意义。这方面有如下几种技术可以使用：

一是对市场上的各种信息使用自动筛选和发现技术，目前比较成熟的有针对自然语言的计算机分析技术，可以快速地从各类信息中挖掘出重要信息。[149]

二是对于供求关系的分析与预测技术，可以使用计算机软件支持的系统动力学模型进行分析，该模型可以将产品和服务的供需网上各种相关因素之间的制约关系与变化趋势通过计算机模拟的方式进行预测，判断速度和深度远超过人脑。

三是利用神经网络和深度学习技术，可以对历史事件进行归纳和学习，得出风险的判断规则，为实现计算机进行市场风险预警提供了很好的技术基础。

市场风险多由企业的经营投资决策战略与企业外部的市场信息、市场结构等因素的不适应引起。市场情况的变化往往周期性强并且具有一定的趋势性。因此，作为市场风险的应对策略，金融科技企业应当着眼于长远，把重点放在科学的发展战略制定上，通过踏实的市场调研，运用科学的方法进行市场研判，把握正确的市场方向，从而最大限度地减少战略失误，避免遭遇市场风险。

在制定金融科技企业发展战略时，市场预测的科学性是一个关键问题。因此，一方面要仍然重视一些传统的市场预测方法，比如，产品类推法和地区类推法、概率判断法、平均线法、指数平滑法等。另一方面要在市场预测中格外重视大数据、机器学习等新技术，特别是作为金融科技企业，一般应在这些技术上有独特的优势。因此，对于金融科技企业而言，这是一种提高企业发展战略制定科学性和准确性、有效预防市场风险的可靠方法。

从市场风险应对策略中需要重点关注的信息源角度来说，与市场风险有关的信息源一般主要有国际政治与经济形势的变化、自然灾害（如新冠肺炎疫情、地震等造成的供求关系变化）、政策风险、新技术的出现造成对旧产品的淘汰、产品技术不成熟造成的市场波动（如引起 2015 年股灾的一个重要原因是 HOMS 系统的滥用）、人口流动及结构变化导致的需求变化等。因此，面对如此多的因素和如此庞大的数据，机器智能分析等现代技术在分析速度和效率方面远胜于人工分析，这些高科技的技术手段，是金融科技企业在应对市场风险策略中的主要内容。

5.4　机器学习的计算机技术

无论是在金融科技企业内部的操作风险等的预警过程中，对企业各项业务进行以数据共享为主的全范围规范性核查，还是对于与市场风险有关的外部庞大数据信息的快速处理中所需要的数据挖掘和分析，以机器学习为主的计算机智能分析在分析速度和效率方面远胜于人工分析。可见，机器学习是建设一体化的智能风险识别体系的重要技术基础。因此，本节对机器学习技术进行专门的介绍。

机器学习（Machine learning）是用计算机模拟人类学习的方式来实现各种人工智能的系统。该系统以算法为基础，以软件为工具，以能够根据事件经验进行学习、归纳出新的信息处理规则为主要功能。目前，机器学习可以用来自动化地处理人类的自然语言、机器翻译、计算机视觉、机器人应答等。更为高级的是，机器学习可以模仿人类的逻辑思维过程，进行逻辑推理和定理证明，还能够针对大数据进行归纳分析和数据挖掘等。

机器学习所使用的方法工具有人工神经网络、决策树和随机森林、贝叶斯方法等。其中，决策树方法中常用的是剪枝法，通过不断地消去非优路径的方法去学习。随机森林方法，其实就是多个决策树的综合运用。贝叶斯方法实质上是利用概率统计理论中的贝叶斯定理进行推理的。从当前情况来看，人工神经网络（Artificial neural network）方法发展非常迅速，在各种应用中获得了成功，该方法主要通过大量的样本来训练，确定合理的阈值，从而实现对模式的识别。

近年来，机器学习开始向深度学习（Deep learning）的方向发展，其特征是高度的智能化，使计算机实现了人类水平的学习能力，能够迅速地识别文字、图像和声音等数据，并且具有很强的推理能力。在这方面，其最大的优势在于拥有极高的运算速度，这种速度远非人脑所能够达到的。

在金融科技企业风险的防范过程中，机器学习的主要用途，是根据曾经发生过的各种风险的历史事件数据，自动地归纳出发生这些风险的条件和信号。这样，当类似的情况出现时，计算机就能够通过判断自动地发出预警，从而使有关部门及早地采取防范风险措施。

5.5 计算机备灾技术

备灾是指在灾难发生前建立某种应急准备，以抵抗灾难和避免损失。从当前情况来看，备灾概念更多地使用在计算机系统中，比如，提前做好数据备份，防止由于各种原因导致数据消失，就是最简单的备灾。备灾的目标，主要是要求当灾难发生后，能够迅速地恢复系统的正常状态，使灾难事件不会造成实质的损失。显然，对于金融科技企业风险的防范，备灾也是一个十分重要的工作。

当前，用于备灾的计算机技术主要有以下 4 种：

5.5.1 字节级复制技术

在计算机系统备灾过程中，传统的、最简单的方式是将整个文件进行复制，以防止文件损坏和丢失造成损失。但这种复制技术的缺点是不能及时地保存数据。在金融交易等过程中，每一秒钟数据都会发生变化，如果突然停电或系统遭到攻击，这些交易数据就会消失，造成巨大的经济损失。

而字节级复制技术能够做到每当增加一个字节，就会被系统自动地复制到某个专门的备灾系统中，从而高速和及时地使金融交易系统与备灾系统保持一致。这样，在任何需要的时刻都可以从备灾系统中找到原始的数据，使金融交易系统具有良好的抗灾能力。

5.5.2 双机容错技术

双机容错技术的功能是使服务器在工作过程中不会发生间断。服务器在本质上也是计算机，但它的功能比一般用户所使用的计算机更强大，承担着为网络中各用户端的计算机或智能手机提供应用服务的任务，处于网络中的中心地位，因此需要服务器具有运算高速、运行可靠、拥有强大数据处理能力和输出输入能力的特性。

双机容错技术，也称为双机互备援技术。其原理是在两台服务器之间通过软件相互监控和相互向对方输出工作状态信号，当其中一台服务器（通常为主工作服务器）工作发生间断导致另一台服务器（通常为监督服务器）收不到其信号时，监控软件就会启动切换功能，使发生中断的服务器的工作在另一台服务器上得以继续执行，即主动接管异常服务器的当前工作。由此，保证了网络的连续性和可靠性，从而使金融科技服务系统拥有抗冲击和意外的能力。

双机容错技术可以使金融科技企业有效地应对与服务器有关的各类操作风险，比如，数据库出错、操作员出现误操作、系统发生死机、硬件发生故障（如硬盘损坏）等。

5.5.3　计算机系统热迁移技术

热迁移（Live migration）技术指对虚拟服务器的保存与恢复技术，这种技术可以将整个虚拟服务器的当前运行状态完整保存起来，并快速地把虚拟服务器从某一台物理服务器迁移到另一台物理服务器上，这样，当虚拟服务器发生故障时，就可以对虚拟服务器进行快速恢复。虚拟服务器与物理服务器之间的关系，如同将计算机硬盘通过虚拟技术划分为不同的逻辑硬盘。这种热迁移技术可以提高服务器的硬件使用效率，特别是对于大量使用服务器的用户来说，服务器虚拟化可以节省能源消耗、降低成本。

系统热迁移技术在金融科技服务中得到大量的运用，如当需要计算机共享时，用户可以通过保存和恢复虚拟服务器的方式实现。再比如在需要数据库备份时，可以通过虚拟服务器的方式保存数据库。当数据库崩溃时，可以通过恢复虚拟服务器的方法恢复数据库。此外，金融科技服务中经常需要对计算机硬件系统进行维护，这时被维护的计算机是不能工作的，但有一些金融科技服务必须是 7 × 24 小时运行的。这时，就可以使用热迁移技术，从需要维护的计算机中把虚拟服务器迁移到备用计算机，维护完成后再迁回到原来的计算机。由此，就能够保证金融科技服务不中断。

5.5.4　防火墙技术

防火墙（Firewall）技术，是计算机网络中的一种访问筛选和隔离技术，通过该技术，可以将内部的局域网和外部的公众网隔离，使疑似有安全问题的软件无法访问所保护的网络，形成一种安全的访问屏障。通过防火墙技术，可以保护计算机系统数据与软件的安全。

从功能来看，对于有明显安全问题的访问，防火墙能够直接阻止。此外，对于一些疑似有安全问题的访问，防火墙则会发出警报，提醒用户判断是否允许该访问。此外，防火墙可以由用户设置其阻断名单，对用户明确不允许访问自己计算机的软件等进行自动阻断。

当两个不同的网络之间（如内部的局域网与外部的公共网之间）进行通信时，所有的数据都必须经过防火墙。因此，防火墙能够进行访问程度的控制，这种控制有三个级别，即允许访问、拒绝访问、监测访问。通过这种控制，防火墙能够在一定程度上阻止黑客的进攻，从而保护内部网的安全性。

防火墙的另一功能是审计功能，即它能够对各种访问进行记录，并且进一步进行统计分析，如果发现可疑的访问（如某外部站点对本网络不断重复地进行某种访问或试图接触敏感信息），防火墙就会向用户报警。

防火墙不仅能够针对外部的访问进行监控，还能对系统用户访问外部不安全站点的行为进行控制。当监测到系统用户访问外部某个不安全的站点时，防火墙就会发出报警信号，提醒用户该站点不安全。

从技术来看，防火墙的工作原理，是对网络通信进行实时扫描，并通过这种扫描，判断访问的安全性，对于一些具有安全问题的外部访问（这种访问，在实际上是一种网络攻击），将对其直接阻止。此外，防火墙还能够自动关闭当前没有使用的端口，并且能够针对某个特定端口，禁止其发出数据，从而能够防止内部信息遭到泄漏，使一些木马病毒失去作用。另外，用户可以专门禁止某个站点的访问。

防火墙还可以对内部网络从网段上进行相互隔离并隐蔽那些能够导致信息外泄的敏感服务。比如，Finger 服务能够显示计算机各个用户的注册名和真名，以及登录时间等信息，这些信息如果被黑客掌握，就会使其清楚某个系统或软件的使用频率和时间特点，从而为黑客的攻击提供帮助。此外，内部网的 DNS 信息如果外泄，其网络域名和 IP 地址等就会遭到泄漏。而对于这些敏感信息，防火墙都能够有效地阻止其向外泄漏。

从构成要素来看，防火墙是由软件与其相应的硬件综合而成的。其硬件的发展过程有 Intel X86 架构防火墙、ASIC 架构防火墙等。

防火墙中使用的主要技术，包括包过滤技术、加密技术、防病毒技术、代理服务器技术等。

包过滤技术的作用是对防火墙进行状态检测，可以针对来自某地址、某端口等的数据进行分析，并将这些分析结果与事先确定的拦截策略进行对照。如果这些数据与拦截策略不相符，则这些数据就可以通过防火墙；如果其与拦截策略相符，则这些数据就会被拦截。

加密技术，指防火墙具有对所传递的数据进行加密的功能，加密时使用的密码由信息发送与接收双方共同享有，接收信息的一方只有对信息进行解密后才能获得有用的数据。在加密信息的传输过程中，一般还需要验证信息接收方和发送方双方的身份，只有通过身份验证，才能建立信息传递通道。这样，黑客由于无法通过身份验证，无法侵入网络系统。

防病毒技术，指对计算机病毒的预防、检测与清除。防火墙通过对所经过的数据进行监控，阻止本网络的服务器被非法访问，从而形成防止病毒入侵的屏障。对于从端口进入的数据，都需要对 IP 地址进行核查，来自非法 IP 地址的数据就会被拦截。

代理服务器技术，指通过设置代理服务器使传输数据的 IP 地址虚拟化。一般来说，如果不使用代理服务器，由于在内部网络向外发送的信息中带有 IP 地址信息，黑客就可以通过分析这个数据来跟踪服务器的 IP 地址，从而能够准确地向这个地址发起攻击。如果使用代理服务器，内部网络发送的信息中携带的只是虚拟的 IP 地址，那么黑客在分析传递数据中的 IP 地址时，就无法得到真实的 IP 地址，从而无法对服务器进行攻击。此外，代理服务器可以对内外网传输的数据进行中转，从而进一步屏蔽真实的 IP 地址，对内网进行更有效的防护。

5.6　计算机视觉中的人脸与步态识别技术

计算机视觉，实质上，并不只是用摄像机代替人眼"看"物体，而是计算机代替人脑对所看到的物体进行自动识别，而且其识别速度和识别精度都远超人脑。在人工智能和各个领域中，计算机视觉是相对高智能化的领域。从目前的发展情况来看，计算机视觉已经不仅能够识别数字和文字，还能够识别人脸、人的手势动作，甚至还能识别人的步态。

在金融科技企业风险管理领域，较为有用的是人脸识别与步态识别，这两种技术可以通过对视频进行监控和自动预警，用于对风险事件中人的因素的调查与追踪，为预防风险事件和调查风险事件起因等提供有力的技术设备支撑。

计算机人脸识别，是通过摄像机采集人的脸部特征信息，通过计算机对这些特征信息进行处理，实现身份识别的人工智能技术。目前，人脸识别技术已经从人脸的可见光图像，发展到主动近红外图像的多光源人脸识别技术。这种新技术由于可以避免光线变化对人脸成像的影响，在识别精度、图像稳定性和识别速度等方面都有良好的性能。就识别精度来说，目前已经达到 99.77% 的精确度，超过了人眼 97.53% 的识别精度，如果再考虑到计算机快速的识别速度，可以说，计算机人脸识别已经远远超过了人工的人脸识别能力。

当前，人脸识别已广泛应用于金融和社会安全领域，比如，人脸识别门禁、身份辨识、计算机登录、电子商务交易等，可以有效地防止因密码被盗导致的风险。

继人脸识别之后，在计算机视觉领域出现的较为突出的新技术是步态识别，即通过对人的走路姿态来识别人的身份的计算机技术。与人脸识别相比，步态识别可以做到远距离识别并且不容易出现因戴口罩等导致人脸识别失效的问题。此外，步态也比人脸等更难以伪装，因此从一定意义上讲，步态识别是一种有优势的身份识别方法。一般来说，人脸识别仅仅能够在 5 米以内进行，而且要求人脸必须是正面的，光线亦必须充分。而步态识别的距离可达 50 米远，并且不要求光线特别充分。自国际上不断发生恐怖袭击以来，对人的远距离自动身份识别受到了重视，由于步态无法像人脸那样进行伪装，因此步态识别受到了各国的重视。

从技术方面来看，人脸属于静态图像，只要一张清晰的人脸图像即可提供充分的身份识别信息。但人的步态信息，必须是行走的视频图像序列，因此步态识别的计算量较大，技术更复杂。

步态识别的计算机处理过程为，先通过摄像机获得相关人群（如机场等公共安全重点区域的旅客）中每个人的步态视频，使用计算机处理这些视频序列，从中提取这些人的步态特征，然后把这些特征与数据库中每个人的步态特征进行对比，如果其与目标人特征的一致性达到某一阈值，系统便会自动报警，提示目标人出现。

在步态识别技术中，最为关键的是算法软件。当前的算法主要有提取人步态空间轮廓的主元素分析法、重点分析步态轮廓随时间变化规律的时空轮廓分析法、重点分析步态所涉的关节角度变化的关节角度轨迹分析法、重点分析大腿和小腿倾斜角的低维步态特征向量法等。

在步态特征提取算法方面，Sun 提出了使用光流法检测径向加速度场来确定足跟触地特征。[150-152]该方法只需要计算三帧图像，与必须叠加步态完整周期全部帧数的传统方法相比，计算速度更快，从而能够做到实时检测，有望发展为一种全新的步态识别算法。

在金融科技企业风险防范中，由于步态能远距离识别和难以伪装，步态识别在风险事件的实时监控与事后追查等方面具有不可替代的优点，对于金融科技有关业务中的各类违规作弊行为和犯罪意图具有强大的震慑力，是防范风险的有力手段。因此，步态识别是计算机视觉研究的一个新的重要发展方向，将来有可能在金融科技风险防范中发挥更加重要的作用。

第 6 章
金融科技企业风险防范的制度接口设计

6.1 制度接口设计概述

金融科技企业风险的来源主要有两个方面：一是企业中人的因素导致的风险，比如，员工或高管出于个人利益而产生的道德风险、员工在业务工作中由于疏忽产生的操作风险等；二是技术设备因素导致的风险，比如，信息系统由于不完善而遭到攻击、设备缺陷而产生的操作风险等。因此，本书提出的金融科技企业风险防范的制度与设备综合策略的主要内容，是指同时采用制度接口设计措施和技术设备措施来治理企业风险的综合手段。

第 5 章已经提出了治理金融科技企业风险的技术设备措施，即计算机技术有关的人工智能技术。本章则主要研究金融科技企业风险防范中的制度接口设计措施，即制度之间相互配合的制度接口设计理论与方法。

制度接口是指目标制度与其环境之间的耦合关系。如果目标制度与环境的关系耦合得好，环境对目标制度形成有利的支撑，目标制度就会具有良好的效果。在各种制度接口中，较为重要的是制度—制度接口与制度—文化接口（全面地说，为目标制度提供实施保障的相关技术设备实际上也是一类制度接口，即制度—设备接口，这类接口已经在第 5 章讨论过，故本章不再赘述）。

制度—制度接口，是目标制度与相应的辅助制度（主要指对执行目标制度所需要的辅助制度约束）之间的耦合关系。比如，监管部门为了消除市场风险，往往需要清理那些存在高风险的企业，此时，就需要重视对制度接口的设计，也就是说，必须同时出台能阻断高风险企业退出市场对其他关联企业产生影响的制度和措施。否则，贸然清理问题企业，反而会因这些问题企业退出市场而引起相关企业（如同一供应链上的企业）出现关联性风险。因此，对于政府部门来说，清理高风险企业的制度与措施必须与防止企业之间风险传染的预防制度同时出台。这里，防止企业之间风险传染的预防制度就是目标制度，即清理高风险企业制度的一个制度—制度接口。

制度—文化接口，是制度与其管理对象群体对社会的认知之间的耦合关系。如果制度—文化接口良好，则文化就会对制度形成良好的配合支持作用，反之，就会影响制度的实施效果。广义的文化包括了人们的行为习惯、社会观念以及人类文明所产生的各类构造物。能够影响制度效果的那部分文化，是人们对社会的认知及由此决定的行为方式。因此，本章所言的文化是一种狭义的文化。许多学者都曾提出，文化，特别是价值观等对制度的效果具有重要的影响。

比如，对于市场监管部门设立的企业风险防范制度，地区市场化程度实际上反映了当地的文化环境，这些文化环境对企业风险防范制度的效果都有相当大的影响，是企业风险防范制度的制度—文化接口，即企业风险防范制度与外部文化环境形成的耦合关系。该接口的承接与转换能力，直接关系到企业风险防范制度的效果。相同的企业风险防范制度，在不同的地区环境中，其效果可能有相当大的差异。

对于金融科技风险防范的制度接口来说，其目标制度是国家层面的稳定金融和防范金融风险的整体宏观制度，即"一行两会"（中国人民银行、中国证券监督管理委员会和中国银行保险监督管理委员会）以及相应的监管规章制度形成的管理制度体系。为了保证该目标制度的效果，必须对其制度接口进行科学的设计，包括该目标所需要的制度—制度接口和制度—文化接口等。

此外，从金融科技企业管理者的角度来看，管理内部的管理制度（如内控制度）和企业文化的当前状态，本身就是识别企业中是否存在操作风险的重要对象。这是因为操作风险多与员工的行为有关，而员工的行为则取决于企业内部管理制度是否完善、企业文化是否良好。因此，管理者必须重视企业内部管理制度和企业文化的建设，对企业内部的管理制度状态与企业文化进行及时和经常的审视，如果发现企业内部的管理制度无力、文化涣散，就必须给予充分的警惕，采取一定的措施，防止员工行为失范导致的操作风险。

6.2　金融科技风险防范制度的制度—制度接口

对于巴塞尔协议Ⅱ提出的金融企业存在的操作风险、市场风险和信用风险这三种主要风险来说，操作风险与信用风险的防范更加依赖于制度接口。这是因为，操作风险的发生在时间上有一定的随机性，因此对操作风险的识别与预警，必须实现常态化，并且需要全体企业员工的参与。要做到这一点，就必须建立有效的操作风险的识别与预警制度和重视风险的企业文化。

企业中风险管理制度的本质是对员工的各种业务行为作出规定并要求员工遵守。员工如果遵守管理制度的规定，则得到正回报（如工资和奖金）；员工如果不遵守管理制度的规定，则会受到惩罚（如降职、罚金等）。因此，建立操作风险的识别与预警制度，就是要求员工能够及时发现并报告自己所负责业务的风险苗头，为此必须规定各员工承担对有关业务的操作风险征兆进行检查和分析的职责，并对他们履行这些职责情况进行考核，再根据考核结果进行相应的奖惩。良好的风险识别与预警制度，被称为"制度之眼"，是风险管理制度的重要组成部分。

接下来将讨论信用风险的防范。在金融科技的三种主要风险中，信用风险的特点是易传染，但同时也不能排除企业内部原因导致信用风险的可能性。因此，在信用风险识别的策略方面，需要同时关注本企业外部环境及本企业内部管理制度状态两个方面。

在关注本企业外部环境方面，主要需要重点关注本行业内的其他企业，尤其是与本企业有关的供应链上的企业的情况。

本书第3章的研究发现，在信用风险传染过程中，有一种机制是信用风险沿着资质链从低到高的爆发，本书将之命名为"引信效应"。通过对引信效应的进一步研究还发现，凡是对客户信任高度依赖的行业，就容易出现引信效应。而金融业正是这样的行业。因此，对于金融科技企业来说，尤其是像网络借贷这种容易因客户违约引发信用风险的领域，要特别关注是否存在发生引信效应的条件。比如，是否存在行业的进入门槛过低，导致存在大量的无资金无设备无人才的"三无企业"，是否存在大量低资质的小企业在"创新""新经济""新业态""高科技"等漂亮词汇掩盖下进行各种投机与欺骗性的经营等。如果存在这些现象，则说明引信效应随时有爆发的风险，对信用风险就要发出预警了。

在观察本企业内部管理制度状态方面，要重点考察本企业是否存在着具有阻断和抵抗引信效应传播功能的制度体系。对于可能发生的信用风险，如果本企业具有充分的手段和资源能够抵抗风险，则本企业发生信用风险的可能性就比较低。但如果这种阻断和抵抗引信效应的制度体系不健全，则本企业就会有可能在内外各种不利因素的作用下发生信用风险。

此外，还有一个重要因素需要关注，那就是本企业是否购买了信用风险的对冲产品。与操作风险和市场风险不同，信用风险具有一定的"市场定价"，因此市场上通常有一些信用风险的对冲产品，如企业能购买信用违约互换等信用风险转移产品来实现风险对冲。如果购买了这些对冲产品，则可以在一定程度上缓解信用风险对本企业的冲击，本企业遭受信用风险的可能性就小一些。

由于信用风险在金融科技企业之间的传染性强，与操作风险一样具有较强的突发性，具有可以通过对信用风险的市场定价实现对冲等特点。因此，应对信用风险主要有如下三方面的策略：

一是针对突发性强的特点，要加强风险应急制度建设，即企业内部要设立专职的风险应急管理部门，并且需要准备一定数额的风险备用金，形成快速的风险应急反应机制。一旦发生信用风险，应当能够迅速地阻断风险链条的传播，把风险的影响和损失降低到最低程度，坚决避免信用风险发生时出现"措手不及"的情况，防止信用风险产生次生危害。同时，要关注金融市场上是否存在可购买的信用风险对冲商品，如果存在这样的商品，可以购买一些以在发生信用风险时实现对冲，减少和消除信用风险的危害。

二是加强企业内部的风险管理制度建设，对于由于企业自身原因产生的信用风险，通过加强风险管理制度建设，防止由于本企业员工的不规范业务行为造成信用风险，这是一个根本性措施。在这方面，前面已经有较多的论述，这里不再展开。

三是根据本书第3章的研究结果，引信效应是造成信用风险大面积蔓延的重要原因。因此，对于信用风险的防范，防止行业内出现引信效应并波及自身企业是一个十分重要的问题。在这方面，除了政府监管部门要重视和预防引信效应之外（比如，适当提高金融科技行业的进入门槛，重视出台具有阻断引信效应功能的制度与政策，防止因高风险企业的退出而形成具有传染作用的引信效应，等等），金融科技企业的管理者需要注意以下两点：一是在经营中要十分注意观察行业内是否堆积了大量的高风险企业，如果存在大量高风险企业，则要提早准备防护措施，防止在发生引信效应时被波及；二是在企业进行投资决策过程中，要对那些进入门槛低和企业数量突然大量增加的行业或领域抱有戒心，因为形成引信效应的前兆，正是行业内出现大量的低资质企业。

首先，我们讨论防范操作风险的制度—制度接口设计问题。

操作风险主要来自企业内部员工的不规范业务行为。因此，重点加强企业内部的管理制度建设，是应对操作风险的主要策略。

由此，为了防范操作风险，需在以下三个方面进行制度—制度接口设计：

一是保有一定的风险备用金。这样，如果发生操作风险等应急需要，可以迅速应对，不会由于资金紧张而造成风险扩散和放大。巴塞尔协议Ⅱ提出的关于操作风险的各种度量方法，主要根据金融企业的规模和历史风险情况来确定风险备用金的数额。

二是在企业内部要建立有效的危机应对机构和形成快速的风险反应机制，以便在发生操作风险时，有明确的机构和人员来承担风险应对职能，迅速调动相关资源，阻断风险链条在企业内部的传播，把风险的影响和损失降低到最低程度。

三是在企业内部建立有效的风险防范制度，通过这种内部的风险管理制度的建设，减少和消除导致操作风险的人员和设备因素，从根本上杜绝风险苗头，这是操作风险的最根本应对措施。

在对企业内部的风险防范制度进行设计时，需要注意以下两个方面的问题：

一是要注意重视新的科学技术设备在防范操作风险中的作用。根据制度工程学理论[148]，除了风险管理制度的传统执行者——各级管理人员之外，现代科学技术设备也是风险管理制度的有力执行者。比如，为了防止交易数据的丢失，采用字节级数据复制远比文件级数据复制更为可靠。此外，系统热迁移、数据分发、防病毒保护、数据库同步等备灾技术，都能够在减少目前已经高度自动化的电子交易系统中的操作风险方面发挥重要作用。

二是要注意重视博弈理论在风险管理制度设计中的指导作用。博弈理论是研究人们行为选择的科学，而管理制度对员工的行为进行规范，在本质上就是要形成一种制约和激励机制，使员工在选择最符合管理目标的行为时，其利益能够达到最大化。因此，无论何种管理制度，如果违背了博弈理论，注定是没有好的效果的。因此，风险管理制度的设计必须遵循博弈理论。

6.3　金融科技风险防范制度的制度—文化接口

国家的金融科技风险防范制度的制度与环境的接口，就是金融科技企业风险的防范制度与文化。因此，加强金融科技企业风险防范的制度建设与相应的企业文化建设，就是对国家的金融科技风险防范制度进行制度接口建设。

最后，我们来讨论其制度—文化接口的建设问题。只有在重视风险的企业文化相配合的情况下，企业的风险管理才是有效的。因此，为了从企业层面实现有效的风险识别与预警，必须同时重视相应的文化建设。比如，只有当员工们具有足够的风险意识，他们才会对操作风险的各种苗头具备应有的警觉。这种重视风险的企业文化，实际上是风险防范制度的制度—文化接口。

一是培养重视风险、居安思危的文化。对于企业员工来说，历史上无差错或者没有产生风险事件，恰恰最容易导致员工的麻痹大意，从而酝酿危机。因此，培养一种即使在长期无风险事件的环境也要重视风险和防范风险的文化，对于保证金融科技企业不产生较大的风险事件是十分重要的。

二是培养员工的谨慎意识。对于一些关键性和容易产生风险的操作环节，平时能够做到反复核对、反复确认，是防止风险的有效手段。许多上市公司就曾经出现过许多匪夷所思的操作风险事件。比如，某上市公司在关于投资持股某科技公司的报告中，把占所持股的科技公司的全部股权的比例为 0.1% 错写成 0.01%，真相公布后严重损害了该上市公司的形象，打击了股民对该上市公司的信心。还有上市公司在关于收购某公司股权的报告中，把收购价格 52.25 万元错误地写成了 522 500 万元，前后竟然相差了一万倍。

三是培养员工的配合精神。协同与合作，不仅能够产生高效率，还是防止在工作的转换环节中出现失误和空白的重要保证。因此，员工的配合精神，也是防止金融科技企业风险的良好文化之一。

6.4　金融科技企业风险防范的制度—制度接口设计工具——达标博弈

在金融科技企业风险防范的制度—制度接口设计中，笔者在 *Management Game Theory* 一书（由 Springer 于 2018 年出版）中描述的"懒汉博弈"（Layabout Game）[153]，是非常有用的工具，如果在防范风险的制度设计中应用该博弈模型，就成了员工们在风险管理制度下的"达标博弈"。

为了说明"达标博弈"的原理，笔者假设为某金融科技企业中的某个基层部门设计风险管理制度，并假设上级会对该部门的风险等级进行评估，并根据该部门的风险等级来确定发给该部门的工资总额。如果该部门的风险等级为"低"，则发给该部门的工资总额为 R_D；如果该部门的风险等级为"中"，则发给该部门的工资总额为 R_Z；如果该部门的风险等级为"高"，则不发给该部门任何工资，这时该部门的工资总额为 0。

再假设该部门中只有两名员工，每名员工的工作努力水平有"达到风险防范标准"（以下简称"达标"）和"没有达到风险防范标准"（以下简称"不达标"）两种情况，则该部门两名员工的工作情况组合有如下三种情况：

（1）如果两人的工作努力水平都达标，则该部门的风险等级为"低"，该部门的工资总额为 R_D，设每名员工的工资为 g_D，每名员工为工作达标付出的成本为 b，这时两名达标员工的收益都为 $g_D - b$。

（2）如果两名员工中有一人达标而另一人不达标，则该部门的风险等级为"中"，该部门的工资总额为 R_Z，达标者的工资为 g_Z，因此该达标员工的实际收益为 $g_Z - b$，而不达标员工因工作不达标则只能得到该部门总工资中去掉达标者工资后的剩余部分 $R_Z - g_Z$，并且存在约束 $R_Z - g_Z < g_Z$。

（3）如果两名员工的工作都不达标，则该部门的风险等级为"高"，该部门的工资总额为 0，这时两名员工的收益也为 0。

根据上述三种状态，这个部门中两名员工的达标博弈矩阵如表 6-1 所示。

表 6-1　达标博弈

		员工 2	
		达标	不达标
员工 1	达标	$g_D - b$, $g_D - b$	$g_Z - b$, $R_Z - g_Z$
	不达标	$R_Z - g_Z$, $g_Z - b$	0, 0

如果两名员工均为完全理性的，则达标博弈的均衡结果取决于其参数。

当 $g_Z - b < 0$，即 $g_Z < b$，说明员工如果为工作达标而努力工作，则其得到的工资还不足以补偿其成本，因此，两名员工都会选择使自己的工作"不达标"，这样（不达标，不达标）是该博弈的均衡点。

当 $g_Z - b > 0$，即 $g_Z > b$，但又有 $g_D - b < R_Z - g_Z$ 时，说明当该部门的风险等级被评为"中"时，达标者有正的净收益，但当该部门的风险等级被评为"低"时，达标者的净收益小于当该部门风险等级为"中"时工作不达标者的净收益，这时达标博弈存在两个纯策略纳什均衡，分别是（达标，不达标）和（不达标，达标），即两名员工只有一名员工工作是"达标"的，同时另一名员工的工作"不达标"。

当 $g_D - b > R_Z - g_Z$，即当该部门的风险等级被评为"低"时，工作达标者的净收益大于当该部门风险等级为"中"时工作不达标者的净收益时，则达标博弈存在一个纯策略纳什均衡，即（达标，达标）。也就是说，在这种情况下，两名员工的工作都是达标的。

现在假设某企业中有许多这样的部门。同时，更加符合实际情况的是，该企业中各个员工都不是理性人，即每名员工都既无法了解自己的搭档员工的工作态度是"努力达标"还是想"不达标"而偷懒，也没有能力精确地分析"博弈矩阵"来确定自己的工作状态选择，因此他们只能通过不断尝试，不断总结经验与教训，"渐渐地"找到使自己收益最大化的工作状态，这样就形成了所谓的演化均衡。在这种演化均衡过程中，影响演化结果的一个重要因素是"达标型员工"和"不达标型员工"在本企业中各自所占的比例。

设在该部门中工作"达标"员工比例为 p，"不达标"员工比例为 $1-p$。"达标"员工的净收益为 y_p，"不达标"员工的净收益为 y_{1-p}，有：

$$y_p = p(g_D - b) + (1-p)(g_Z - b) = pg_D + (1-p)g_Z - b$$

$$y_{1-p} = p(R_Z - g_Z) + (1-p) \cdot 0 = p(R_Z - g_Z)$$

部门中所有员工的平均净收益为：

$$\bar{y} = p \cdot y_p + (1-p)y_{1-p} = p[pg_D + (1-p)g_Z - b] + (1-p)[p(R_Z - g_Z)]$$
$$= p[pg_D - b + (1-p)R_Z]$$

不断重复的工作中，如果工作"达标"员工的净收益高于工作"不达标"员工的净收益，则这些"不达标"员工就会渐渐发现这个差别，从而原来选择"不达标"的员工也变成选择"达标"的员工。反之，如果工作"达标"员工的净收益低于工作"不达标"员工的净收益，则这些原来选择"达标"的员工也变成选择"不达标"的员工。也就是说，不同类型的员工如果发现另一种类型的员工的净收益更高，就会模仿另一种类型的员工从而改变自己的类型。

这样，风险管理制度中，"达标"员工的比例 p 和"不达标"员工的比例 $1-p$，都是会随时间而改变的。

我们以单位时间内变化员工的数量来度量两种类型员工的变化速度。首先，考虑"达标"员工的变化速度。该速度主要由两个因素决定：一个是"达标"员工的当前数量，当前数量越大，则变化速度就会越快；另一个是"达标"员工的净收益与平均净收益之间的差值，显然，这种差值越大，变化速度越快。

设"达标"员工的变化速度与上述两个因素成正比，则有微分方程：

$$\frac{dp}{dt} = p(y_p - \bar{y}) \qquad\qquad 式（6-1）$$

根据式（6-1），有：

$$\frac{dp}{dt} = p(y_p - \bar{y}) = p\{pg_D + (1-p)g_Z - b - p[pg_D - b + (1-p)R_Z]\}$$
$$= p(1-p)[p(g_D - R_Z) + g_Z - b] \qquad\qquad 式（6-2）$$

由式（6-2），可以发现"达标博弈"存在三个博弈均衡点：$p^* = 0$、$p^* = 1$

和 $p^* = \dfrac{g_Z - b}{R_Z - g_D}$（$0 < \dfrac{g_Z - b}{R_Z - g_D} < 1$）。

为了判断这三个均衡点哪些是稳定均衡点，需要画出该达标博弈的相位图。

首先，画出当制度参数为 $0 < \dfrac{g_Z - b}{R_Z - g_D} < 1$ 时的相位图（见图6-1）。

由图6-1可见，在这种制度参数条件下，在这三个均衡点中，$p^* = 0$、

$p^* = 1$都不是稳定均衡点，只有 $p^* = \dfrac{g_Z - b}{R_Z - g_D}$ 才是稳定均衡点。

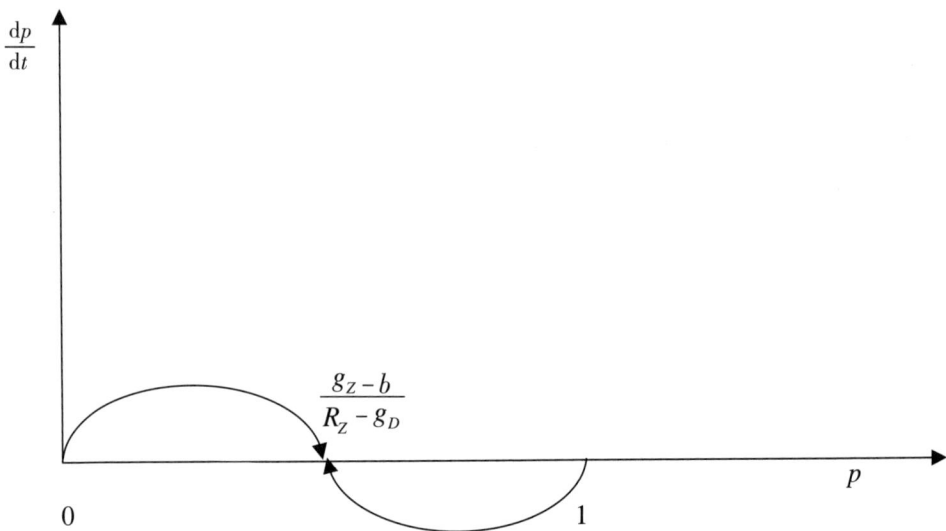

图6-1　达标博弈的均衡点与稳定点（当 $0 < \dfrac{g_Z - b}{R_Z - g_D} < 1$ 时）

由图6-1可以看出，部门中工作"达标"员工的比例会稳定在 $p^* = \dfrac{g_Z - b}{R_Z - g_D}$

上。即如果工作"达标"员工比例超过 $p^* = \dfrac{g_Z - b}{R_Z - g_D}$，就会出现工作"达标"员

工的净收益小于工作"不达标"员工的净收益，从而导致一些工作"达标"员

工向工作"不达标"员工转变，从而导致工作"不达标"员工数量渐渐增加。

反之，如果工作"达标"员工比例小于 $p^* = \dfrac{g_Z - b}{R_Z - g_D}$，就会出现工作"达标"员

工的净收益大于工作"不达标"员工的净收益，从而导致一些原本工作"不达标"员工向工作"达标"员工转变，从而导致工作"达标"员工的数量渐渐增加。在图 6 - 1 所示的制度参数条件下，金融科技企业的整体操作风险水平为中等。

当制度参数为 $1 < \dfrac{g_Z - b}{R_Z - g_D}$ 时，即 $g_D - b > R_Z - g_Z$ 时，说明如果双方的工作都达标，则每名员工的净收益都大于工作不达标时的净收益，这里达标博弈只存在两个均衡点 $p^* = 0$、$p^* = 1$。这种情况下的博弈相位图（见图 6 - 2）显示，其中 $p^* = 1$ 是稳定均衡点，即大家不断博弈最后形成的稳定结果是所有员工的工作都达标。这时，金融科技企业的整体操作风险最小。

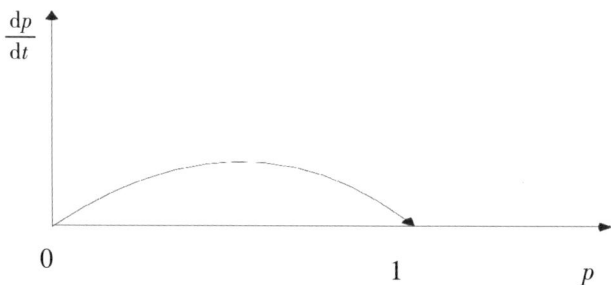

图 6 - 2　达标博弈的均衡点与稳定点（当 $g_D - b > R_Z - g_Z$ 时）

当制度参数为 $g_Z - b < 0$ 时，说明"达标"员工的报酬不及其付出的成本，其净收益为负。根据其相位图（见图 6 - 3），这时达标博弈存在两个均衡点 $p^* = 0$、$p^* = 1$，其中 $p^* = 0$ 是稳定均衡点，即在这样的制度参数条件下，博弈演化的稳定结果是所有员工的工作都"不达标"（见图 6 - 3）。显然，这时，金融科技企业的整体操作风险最大。

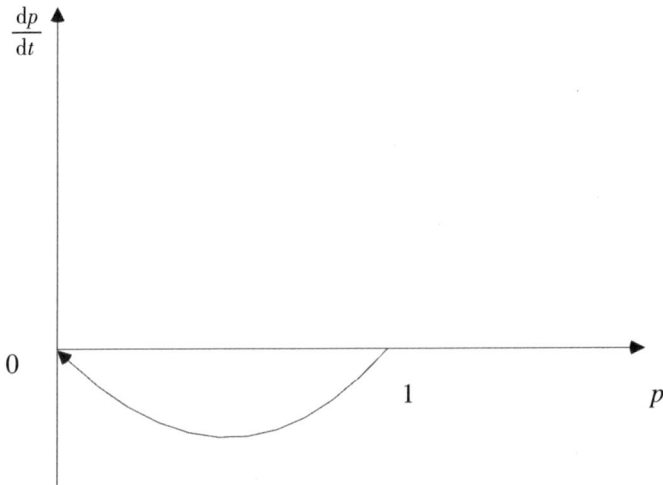

图6-3　达标博弈的均衡点与稳定点（当 $g_Z - b < 0$ 时）

"达标博弈"是操作风险管理制度设计的重要理论和工具。由上分析可知，制度参数 $\dfrac{g_Z - b}{R_Z - g_D}$ 是制度效果的决定因素，它的变化会造成风险管理制度的风险防范效果的巨大变化。其中，一个有趣的现象是，当 $0 < \dfrac{g_Z - b}{R_Z - g_D} < 1$ 时，企业中的员工既不是全部都工作努力到"达标"的，也不是全部都不努力而使工作"不达标"的，而是稳定在达标员工比例为 $p^* = \dfrac{g_Z - b}{R_Z - g_D}$ 上。显然，这与通常的非合作博弈的那种"要么全部达标，要么全部不达标"的分析结果不同，但这种结果是与实际情况非常吻合的：通常来说，企业中总会有一部分员工对自己工作要求不严，造成"不达标"，但这种"不达标员工的比例"会随着企业对员工的奖罚激励力度的加大而不断减少。因此，为了切实而有效地防范操作风险，加强对企业内部风险管理制度的设计是根本性的应对措施。

6.5　本章小结

本章通过整合本书前面几章的研究成果，分别针对不同的风险及风险的不同阶段，提出金融科技企业风险防范的制度接口设计问题。即对于操作风险，主要通过加强风险管理制度设计来预防操作风险，如应当建立相应的应急制度与保有一定数量的风险备用金以应对操作风险的突发性。对于信用风险，主要需要通过建立相应的制度来防止引信效应，防止造成信用风险大面积蔓延和涉及自身企业。此外，本章还提出了制度—制度接口设计的工具——达标博弈。通过使用这种科学工具，可以使金融科技企业风险防范的制度—制度接口设计实现科学化。

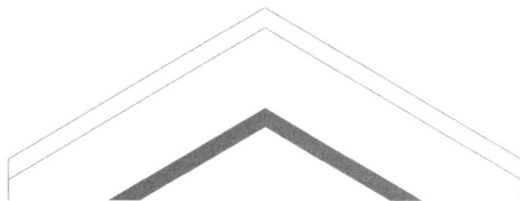

第 7 章

金融科技风险研究展望

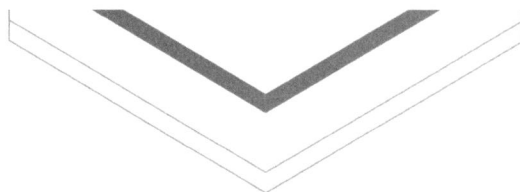

7.1　简单总结

本书主要针对中国的金融科技企业，研究风险爆发的因素、机理与规律，在此基础上提出相应的风险防范策略，为相关企业和政府的决策提供参考。

本书的研究方法有一个突出的特点，即全部采用企业经营过程中产生的客观数据，以保证研究的客观性和结论的可靠性和真实性。这是因为调查问卷一类数据，容易由于被调查对象的选择偏差和掩饰效应而导致数据发生偏差，因此本书没有采取这类方法。本书在实证研究中采用的是大数据集，时间序列数据达 19 万 7 千多条。根据统计学理论，大数统计回归的可靠性要好得多。

由于本书所涉及数据数量庞大，因此对所有变量的赋值全部由计算机程序自动进行，不采用人工赋值，以此来防止人为错误和偏差，保证数据的客观性和真实性。

从数据模型的角度来看，在研究信用风险的传染性而导致的引信效应机理时，采用的是 ARIMAX 模型（即自回归移动平均模型），对信用风险的传播过程进行实证分析。其原因在于，时间序列数据多存在序列相关，一般的 OLS 多元回归模型（即最小二乘法回归模型）的回归参数的有效性容易受到破坏，而 ARIMAX 模型通过对变量充分地增加自回归滞后和残差的移动平均滞后，使模型达到动态完备性，从而使回归残差实现序列无关，甚至达到了白噪声这一完美性质。因此 ARIMAX 模型的回归结果更加可靠。

在防范风险的制度设计方面，本书采用了能够既反映企业员工的理性行为又反映其非理性行为的达标博弈，以便能够得到更为实用和有效的制度参数模型。而当前被广泛使用的非合作博弈，则由于以人的完全理性行为假设为主，不反映也不考虑非理性行为，因此在实用性方面存在较大的局限性。达标博弈在反映人的行为特点时相对全面而准确，特别是其博弈均衡的稳定点理论，在制度设计中具有良好的适用性。因此，本书在制度设计模型的研究过程中，采用了达标博弈方法进行分析。

通过上述研究方法，本书的主要结果概括如下。

（1）根据巴塞尔协议Ⅱ，金融类企业的风险主要分为操作风险、市场风险和信用风险。这三类主要风险具有不同的特点，因此，应当根据这些风险的不同特点，采取不同的防范策略，以便有效地防范这些风险的发生或者降低其风险发生后导致的损失。

比如，对于操作风险，应当重视现代的科学技术在防范风险中的作用，重视采用各种新的技术来防范风险。此外，还要加强制度接口设计，通过制度建设来防范操作风险。对于市场风险，需要重视市场调研，运用科学的方法进行信息处理和分析，以便把握正确的市场方向。为此，本书专门介绍了可以应用于金融科技风险防范的各种现代的计算机技术，如用于防止数据损坏和丢失的字节级复制技术、使金融科技服务系统能够抗冲击和意外的双机容错技术、保证金融科技服务不中断的计算机系统热迁移技术、防止外部黑客入侵的防火墙技术、用于对金融科技风险事件调查与监控的计算机视觉技术、在金融科技企业操作风险预警规范性核查和对外部的庞大信息进行数据挖掘时的机器学习技术等。

（2）在对信用风险的爆发规律与特点的研究中，发现并且证实了金融科技企业的信用风险通过相互传染导致大规模爆发的"引信效应"，即风险的传播是沿着企业的"资质链"由弱到强的扩散过程。因此，金融科技行业内企业的资质参差不齐是产生引信效应的重要原因。如果行业中企业的进入门槛难以有效控制，导致低资质企业大量进入市场，就容易诱发引信效应，危害相关行业的稳定发展。

（3）整合全书的研究，提出了金融科技企业的风险识别策略与风险应对策略——制度与设备综合防范策略，即有针对性地采取制度接口设计和现代的科学技术设备来防范风险。这种制度与设备综合防范策略的重要意义在于，巴塞尔协议Ⅱ指出的三种主要风险即操作风险、市场风险、信用风险各自都具有不同特点，其影响因素不同，产生机理不同。在企业资源有限的情况下，对不同风险以及风险的不同阶段采取不同的策略，能够以最小的成本达到最大化的效果。

其中，对于操作风险，本书提出建立有效的风险防范制度，从根本上杜绝风险苗头。在对风险防范制度进行设计时，根据制度工程学理论，要重视科学技术设备在防范操作风险中的作用，比如，系统热迁移、数据库同步等备灾技术。同时，要重视博弈理论在风险管理制度设计中的工具作用。为此，本书提出达标博弈是风险管理制度的重要工具，尤其是决定风险防范水平的达标员工与不达标员工的比例的制度参数模型，对于制度设计具有重要意义，可以用来计算和优化制度参数，以达到最好的制度设计效果。

对于市场风险，本书提出防范市场风险的主要策略是制定科学的发展战略。科学的市场研判十分关键。针对汇率动荡、股市反常波动、产品和服务的市场需求变化、国家政策及国际形势变化导致的经营环境变化、竞争格局的改变等复杂的内外因素，本书提出在当前数据爆炸的时代，采用传统的人工方式来收集和判断信息的方式已经不再具有适应性，建议使用自动化的科技工具，提高信息收集的广度与速度，比如，针对自然语言的计算机分析技术、系统动力学模型、神经网络和深度学习技术等，这些都可以为市场风险预警提供很好的技术基础。

对于信用风险，本书提出需要特别关注其传染性所引起的沿着资质链从低到高风险爆发的引信效应。具体来说，需要关注企业外部环境及企业内部管理制度状态两个方面。在外部环境方面，需要重点关注本行业内的其他企业尤其是本企业供应链上的其他企业的情况。当行业的进入门槛过低，行业中存在大量低资质的小型企业时，就需要对引信效应的发生保持高度的警惕。在企业内部，则需要加强具有阻断和抵抗引信效应传播功能的制度体系建设，同时，市场上如果存在信用风险的对冲产品，购买这些对冲产品也是防止或减缓信用风险冲击的有效手段。此外，为了避免遭遇信用风险时发生"措手不及"的情况，要准备一定数额的风险备用金，并形成快速的风险应急反应机制。最后，加强企业内部的风险管理制度建设，防止员工的不规范业务行为造成信用风险，也是一条重要的应对措施。

7.2　研究展望

本书的研究具有大规模客观数据以及研究方法的专业化和科学化等特点，并且得到了许多较有意义的研究结果和发现。但是，科学研究是没有止境的，从发展和进一步开展研究的角度来看，本书尚存在许多局限和可以进一步拓展的方面，现概括如下：

第一，金融科技是一个新兴的领域，许多数据的积累时间还比较短，特别是许多问题还没有充分暴露，因此，本书的许多研究只是初步的，尚需要进一步补充与完善。

第二，金融科技是当前各国都十分重视的领域，在其促进社会与经济发展的同时，对其风险的防范是一个十分重要也是十分艰巨的研究任务，如巴塞尔银行监管委员会就专门成立了金融科技组，集中研究金融科技企业风险问题，我国政府也十分重视对金融科技企业风险的防范问题。对于如此重大的问题，作者的研究时间与精力都十分有限，因此需要进一步研究的问题还很多。在金融科技企业风险防范这个大问题大任务的背景下来看待本书的研究，本书只是金融科技众多研究中一个微小的部分。

第三，金融科技涉及的具体内容很多，本书只是就其中的一些典型内容进行研究，不可能面面俱到。因此，本书针对巴塞尔协议 II 提出的三种主要风险的对策都是策略性的。而策略的特点是能够对金融科技企业风险的防范效果与效率起到优化的作用，并且具有广泛的适用范围，因此可以在企业的经营中方便地使用这些策略。但如果作为具体的企业管理者，为了使本企业风险达到有效防范的最终目的，则还需要结合本企业的具体情况进行更加详尽的研究，这些都需要在将来的研究中加以扩展。这也是我们及同行们可能需要进一步研究的问题。

因此，随着金融科技发展过程中各方面问题的暴露，以及相关数据的进一步积累，我们将继续开展对金融科技企业风险的研究，在相关问题上进一步深化和细化，力争为金融科技企业风险研究贡献自己的微薄力量。

参考文献

［1］丁娜，金婧，田轩. 金融科技与分析师市场［J］. 经济研究，2020（9）：74 - 89.

［2］方意，王羚睿，王炜，等. 金融科技领域的系统性风险：内生风险视角［J］. 中央财经大学学报，2020（2）：29 - 37.

［3］战明华，张成瑞，沈娟. 互联网金融发展与货币政策的银行信贷渠道传导［J］. 经济研究，2018（4）：63 - 76.

［4］杨东. 监管科技：金融科技的监管挑战与维度建构［J］. 中国社会科学，2018（5）：69 - 91.

［5］郭品，沈悦. 互联网金融、存款竞争与银行风险承担［J］. 金融研究，2019（8）：58 - 75.

［6］邱晗，黄益平，纪洋. 金融科技对传统银行行为的影响——基于互联网理财的视角［J］. 金融研究，2018（11）：17 - 29.

［7］DEMERTZIS M，MERLER S，WOLFF G B. Capital markets union and the FinTech opportunity［J］. Policy contributions，2017（22）：1 - 17.

［8］王聪聪，党超，徐峰，等. 互联网金融背景下的金融创新和财富管理研究［J］. 管理世界，2018（12）：168 - 170.

［9］STEFAN Z，IBRAHIM E S. Prudential supervisory disclosure（PSD）with supervisory technology（SupTech）：lessons from a FinTech crisis［J］. International journal of disclosure and governance，2021（2）：1 - 7.

［10］朱太辉，陈璐. FinTech 的潜在风险与监管应对研究［J］. 金融监管研究，2016（7）：18 - 32.

［11］巴塞尔委员会监管和实施委员会金融科技课题组. 金融科技发展对银行及其监管机构的影响［R］. 北京：中国银行业监督管理委员会，2017（12）：1 - 4.

［12］ KOBAYASHI S. Insurance and financial stability： implications of the 2016 global financial stability report for regulation and supervision of insurers ［J］. Journal of financial regulation and compliance，2017，25（1）：1 – 10.

［13］ Basel Committee on Banking Supervision. International convergence of capital measurement and capital standards： a revised framework—comprehensive version ［M］. Basel：Bank For International Settlements，2006.

［14］李建平，丰吉闯，宋浩，等. 风险相关性下的信用风险·市场风险和操作风险集成度量 ［J］. 中国管理科学，2010，18（1）：18 – 25.

［15］LEE K H，KIM D H. A peer-to-peer（P2P）platform business model： the case of airbnb ［J］. Service business，2019，13：647 – 669.

［16］LEE S M，KIM N R，HONG S G. Erratum to： key success factors for mobile app platform activation ［J］. Service business，2017，11（2）：450 – 451.

［17］PARGUEL B，LUNARDO R，MOREAU F B. Sustainability of the sharing economy in question： when second-hand peer-to-peer platforms stimulate indulgent consumption ［J］. Technological forecasting and social change，2017，125（1）：48 – 57.

［18］张俊生，汤晓建，李广众. 预防性监管能够抑制股价崩盘风险吗？——基于交易所年报问询函的研究 ［J］. 管理科学学报，2018，21（10）：112 – 126.

［19］黄隽，章艳红. 商业银行的风险：规模和非利息收入——以美国为例 ［J］. 金融研究，2020（6）：75 – 90.

［20］朱燕建，周强龙. 公司规模·风险特征与债券融资成本——来自中国民营上市公司的经验证据 ［J］. 浙江金融，2016（3）：53 – 59.

［21］吴超鹏，吴世农，程静雅，等. 风险投资对上市公司投融资行为影响的实证研究 ［J］. 经济研究，2012（1）：105 – 119.

［22］李善民，杨继彬，钟君煜. 风险投资具有咨询功能吗？——异地风投

在异地并购中的功能研究［J］．管理世界，2019（12）：164－179．

［23］KIM J B，LI Y，ZHANG L．CFOs versus CEOs：equity incentives and crashes［J］．Journal of financial economics，2011，101（3）：713－730．

［24］夏立军，方轶强．政府控制·治理环境与公司价值——来自中国证券市场的经验证据［J］．经济研究，2005（5）：40－51．

［25］吕朝凤，朱丹丹．市场化改革如何影响长期经济增长？——基于市场潜力视角的分析［J］．管理世界，2016（2）：32－44．

［26］皮天雷，刘垚森，吴鸿燕．金融科技：内涵·逻辑与风险监管［J］．财经科学，2018（9）：16－25．

［27］BENSTON G J，SMITH C W．A transactions cost approach to the theory of financial intermediation［J］．Journal of finance，1976，31（2）：215－231．

［28］MARTINA E G，WANG H．Building consumer-to-consumer trust in e-finance marketplaces：an empirical analysis［J］．International journal of electronic commerce，2010，15（2）：105－136．

［29］KUMAR S．Relaunching innovation：lessons from Silicon Valley［J］．Banking perspective，2016，4（1）：19－23．

［30］LEE I，YONG J S．FinTech：ecosystem，business models，investment decisions，and challenges［J］．Business horizons，2018，61（1）：35－46．

［31］王雯，李滨，陈春秀．金融科技与风险监管协同发展研究［J］．新金融，2018（2）：43－46．

［32］SERENA G．FinTech platforms：lax or careful borrowers'screening？［J］．Financial innovation，2021，58（7）：1－33．

［33］ACHARYA V V，VIRAL V，PEDERSEN L H，et al．Measuring systemic risk［J］．Review of financial studies，2017，30：2－47．

［34］AIKMAN D，BRIDGES J，KASHYAP A，et al．Would macroprudential regulation have prevented the last crisis？［J］．Journal of economic perspectives，

2019, 30 (1): 107 – 130.

[35] 刘孟飞. 金融科技与商业银行系统性风险——基于对中国上市银行的实证研究 [J]. 武汉大学学报（哲学社会科学版）, 2021, 74 (2): 119 – 134.

[36] LIAO W. Research on the impact of internet finance finance on risk level of commercial banks [J]. American journal of industrial and business management, 2018, 8 (4): 992 – 1006.

[37] GABOR D, BROOKS S. The digital revolution in financial inclusion: international development in the FinTech era [J]. New political economy, 2017, 22 (4): 423 – 436.

[38] 方意, 黄丽灵. 系统性风险、抛售博弈与宏观审慎政策 [J]. 经济研究, 2019, 54 (9): 41 – 55.

[39] 姚前, 汤莹玮. 关于央行法定数字货币的若干思考 [J]. 金融研究, 2017 (7): 78 – 85.

[40] 李继尊. 关于互联网金融的思考 [J]. 管理世界, 2015 (7): 1 – 7.

[41] DAM K W. The subprime crisis and financial regulation: international and comparative perspectives [J]. Chicago journal of international law, 2010 (10): 581 – 638.

[42] HENDERSON B, PEARSON N. The dark side of financial innovation: a case study of the pricing of a retail financial product [J]. Journal of financial economics, 2011 (10): 227 – 247.

[43] KATHRYN J. Fragmentation nodes: a study in financial innovation, complexity and systemic risk [J]. Stanford law review, 2011 (6): 136 – 152.

[44] 王永海, 章涛. 金融创新、审计质量与银行风险承受 [J]. 会计研究, 2014 (4): 81 – 87.

[45] Basel Committe on Banking Supervision. International convergence of capital measurement and capital standards: a revised framework [R]. Basel: Bank for

International Settlements，2005.

［46］王宗润，汪武超，陈晓红，等. 基于 BS 抽样与分段定义损失强度操作风险度量［J］. 管理科学学报，2012，15（12）：58 - 69.

［47］王晓春. 激励缺失与内部人道德风险——关于商业银行操作风险的问卷调查与思考［J］. 金融研究，2005（11）：74 - 81.

［48］肖斌卿，李心丹，徐雨茜，等. 流程、合规与操作风险管理［J］. 管理科学学报，2017，20（12）：118 - 123.

［49］孟庆斌，汪昌云，张永冀. 商业银行最优资本配置、股利分配策略与操作风险［J］. 系统工程理论与实践，2018，38（2）：329 - 336.

［50］陆静，唐小我. 基于贝叶斯网络的操作风险预警机制研究［J］. 管理工程学报，2008，22（4）：56 - 61.

［51］王双成，刘喜华，张丕强. 用于操作风险分析的小样本贝叶斯网络结构学习［J］. 系统管理学报，2008，17（4）：448 - 454.

［52］汤凌霄，张艺霄. 基于网络分析法的我国商业银行操作风险影响因素实证分析［J］. 中国软科学，2012（8）：143 - 151.

［53］佟欣，许健. 商业银行操作风险预警指标体系研究［J］. 管理评论，2010，22（1）：13 - 21.

［54］梁力军，李志祥. 我国商业银行操作风险管理能力影响因素及管理状况分析［J］. 管理评论，2010，22（5）：11 - 19.

［55］梁伟，胡利琴，胡燕. 中国商业银行操作风险评级问题研究［J］. 金融研究，2007（12）：135 - 141.

［56］Basel Committe on Banking Supervision. Basel Ⅲ：a global regulatory framework for more resilient banks and banking systems［R］. Basel：Bank for International Settlements，2010.

［57］汪冬华，徐驰. 基于非参数方法的银行操作风险度量［J］. 管理科学学报，2015，18（3）：104 - 113.

［58］杨青，张亮亮，魏立新. 宏观经济变量影响下的银行极端操作风险研究［J］. 管理科学学报，2012，15（6）：82－96.

［59］魏宇. 股票市场的极值风险测度及后验分析研究［J］. 管理科学学报，2008，11（1）：79－88.

［60］林宇，黄登仕，魏宇. 胖尾分布及长记忆下的动态 EVT－VaR 测度研究［J］. 管理科学学报，2011，14（7）：71－82.

［61］司马则茜，蔡晨，李建平. 基于 g－h 分布度量银行操作风险［J］. 系统工程的理论与实践，2011，31（12）：2321－2327。

［62］樊欣，杨晓光. 我国银行业操作风险的蒙特卡罗模拟估计［J］. 系统工程理论与实践，2005，25（5）：12－19.

［63］莫建明，周宗放. 重尾性操作风险的风险价值置信区间的灵敏度［J］. 系统工程理论与实践，2009，29（6）：59－67.

［64］司马则茜，蔡晨，李建平. 度量银行操作风险的 POT 幂律模型及其应用［J］. 中国管理科学，2009，17（1）：36－41.

［65］朱海霞，潘志斌. 基于分布的投资组合方法研究［J］. 中国管理科学，2005，13（4）：7－12.

［66］司马则茜，蔡晨，李建平. 度量银行操作风险的幂律模型及其应用［J］. 中国管理科学，2009，17（1）：36－41.

［67］周艳菊，彭俊，王宗润. 基于 Bayesian-Copula 方法的商业银行操作风险度量［J］. 中国管理科学，2011，19（4）：17－25.

［68］陆静，张佳. 基于极值理论和多元 Copula 函数的商业银行操作风险计量研究［J］. 中国管理科学，2013，21（3）：11－19.

［69］周好文，杨旭，聂磊. 银行操作风险度量的实证分析［J］. 统计研究，2006，（6）：47－51.

［70］陆静. 基于分块极大值模型的商业银行操作风险计量研究［J］. 管理工程学报，2012，26（3）：136－145.

［71］陆静，张佳. 基于信度理论的商业银行操作风险计量研究［J］. 管理工程学报，2013，27（2）：160 – 167.

［72］徐明圣. 极值理论（EVT）在金融机构操作风险建模中的应用与改进［J］. 数量经济技术经济研究，2007（4）：76 – 83.

［73］张宏毅，陆静. 运用损失分布法的计量商业银行操作风险［J］. 系统工程学报，2008（4）：411 – 416.

［74］陈倩. 基于截断数据的操作风险分段损失分布模型及应用［J］. 系统管理学报，2019，28（5）：907 – 915.

［75］陈迪红，刘冬梅. 我国财险企业欺诈类操作风险度量研究［J］. 保险研究，2017（2）：84 – 94.

［76］刘新喜，龚贻生. 我国财险公司操作风险探析及其管理对策［J］. 保险研究，2009（7）：60 – 64.

［77］MORALES R，ANIBAL J，HURTADO M. Estimation of operational risk for fraud in the car insurance industry［J］. Global journal of business research，2012，6（3）：73 – 83.

［78］CHAPELLE A，CRAMA Y，HÜBNER G，et al. Practical methods for measuring and managing operational risk in the financial sector：A clinical study［J］. Journal of banking & finance，2008，32（6）：1049 – 1061.

［79］JARROW R A. Operational risk［J］. Journal of banking & finance，2008，32（5）：870 – 879.

［80］SHEVCHENKO P V. Implementing loss distribution approach for operational risk［J］. Applied stochastic models in business and industry，2010，26（3）：277 – 307.

［81］TRZPIOT G，MAJEWSKA J. Estimation of value at risk：extreme value and robust approaches［J］. Operations research and decisions，2010，20（1）：131 – 143.

［82］MARTINK N. Modeling dependencies in operational risk with hybrid Bayesian networks ［J］. Methodology and computing in applied probability，2007，12（3）：379 – 390.

［83］陈新春，刘阳，罗荣华. 机构投资者信息共享会引来黑天鹅吗？——基金信息网络与极端市场风险 ［J］. 金融研究，2017（7）：140 – 155.

［84］徐璐，叶光亮. 银行业竞争与市场风险偏好选择——竞争政策的金融风险效应分析 ［J］. 金融研究，2018（3）：105 – 120.

［85］郭琪，彭江波. 基于市场风险缓释的利率市场化研究 ［J］. 金融研究，2015（7）：98 – 15.

［86］易祯，朱超. 人口结构与金融市场风险结构：风险厌恶的生命周期时变特征 ［J］. 经济研究，2017（9）：150 – 164.

［87］王贞洁，王竹泉. 经济危机、信用风险传染与营运资金融资结构——基于外向型电子信息产业上市公司的实证研究 ［J］. 中国工业经济，2013（11）：112 – 134.

［88］孔丹凤，孙宇辰，马驰骋，等. 信用风险转移工具真的转移了风险吗？——基于美国上市银行面板数据的实证研究 ［J］. 金融研究，2015（2）：160 – 174.

［89］孙会霞，陈金明，陈运森. 银行信贷配置、信用风险定价与企业融资效率 ［J］. 金融研究，2013（11）：55 – 67.

［90］纪志宏，曹媛媛. 信用风险溢价还是市场流动性溢价：基于中国信用债定价的实证研究 ［J］. 金融研究，2017（2）：1 – 10.

［91］RACHRAPEE N，SUPAPORN K，SMITTI D N A. Elimination of FinTech risks to achieve sustainable quality improvement ［J］. Wireless personal communications，2020，115（4）：3199 – 3214.

［92］叶蜀君，李展. 金融科技背景下商业银行面临的风险及应对策略 ［J］. 山东社会科学，2021（3）：104 – 111.

［93］陈红，郭亮. 金融科技风险产生缘由、负面效应及其防范体系构建［J］. 改革，2020（3）：63 –73.

［94］中国人民银行成都分行课题组. 金融科技视角下互联网银行风险特征与发展制约［J］. 西南金融，2020（8）：3 –12.

［95］刘江涛，罗航，王蕊. 防范金融科技风险的二维逻辑——基于监管科技与科技驱动型监管视角［J］. 金融发展研究，2019（5）：22 –27.

［96］SOVAN M，ANDREAS K. FinTech revolution：the impact of management information systems upon relative firm value and risk ［J］. Journal of banking and financial technology，2020（4）：175 –187.

［97］PRADEEP D，JAWAHER I A，RAJEEV D. Role of FinTech adoption for competitiveness and performance of the bank：a study of banking industry in UAE ［J］. International journal of global business and competitiveness，2021（8）：1 –15.

［98］MOEL A，TUFANO P. When are real options exercised？ an empirical study of mine closings ［J］. The review of financial studies，2002（15）：35 –64.

［99］金洪飞，李弘基，刘音露. 金融科技、银行风险与市场挤出效应［J］. 财经研究，2020，46（5）：52 –64.

［100］LAPAVITSAS C，DOS SANTOS P L. Globalization and contemporary banking：on the impact of new technology ［J］. Contributions to political economy，2008，27（1）：31 –56.

［101］DECHOW P M，SLOAN R G. Returns to contrariant investment strategies：tests of naive expectations hypotheses ［J］. Journal of financial economics，1997，43（1）：3 –27.

［102］BAILEY W，LI H，MAO C X，et al. Regulation fair disclosure and earnings information：market，analyst，and corporate responses ［J］. Journal of finance，2003，58（6）：2487 –2514.

［103］MOLA S，GUIDOLIN M. Affiliated mutual funds and analyst optimism

[J]. Journal of financial economics, 2009, 93 (1): 108 –137.

[104] 邵新建, 洪俊杰, 廖静池. 中国新股发行中分析师合谋高估及其福利影响 [J]. 经济研究, 2018, (6): 82 –96.

[105] FIRTH M, RUI O M, WU W. Recipes and costs of falsified financial statements [J]. Journal of corporate finance, 2011, 17 (2): 371 –390.

[106] GENTZKOW M, SHAPIRO J M. Media bias and reputation [J]. Journal of political economy, 2006, 114 (2): 280 –316.

[107] BARTH R, CAPRIO G, LEVINE R. Bank regulation and supervision: what works best? [J]. Journal of financial intermediation, 2004, 13 (2): 205 –248.

[108] BARTH J R, CAPRIO G, LEVINE R. Bank regulation and supervision in 180 countries from 1999 to 2011 [J]. Journal of financial economic policy, 2013, 5 (2): 111 –219.

[109] 潘敏, 魏海瑞. 提升监管强度具有风险抑制效应吗? ——来自中国银行业的经验证据 [J]. 金融研究, 2015 (12): 64 –80.

[110] 陈钊, 邓东升. 互联网金融的发展·风险与监管——以 P2P 网络借贷为例 [J]. 学术月刊, 2019, 51 (12): 42 –50.

[111] 秦伟广, 李红. 金融监管对互联网金融创新的风险与发展影响研究 [J]. 当代金融研究, 2020 (1): 58 –63.

[112] MISHKIN S F. Financial consolidation: dangers and opportunities [J]. Journal of banking and finance, 1999, 23: 675 –691.

[113] ALTUNBAS Y. Does monetary policy affect bank risk-taking? [J]. Bank for international settlements, 2010 (3): 1 –31.

[114] 王往. 规模·股权结构与上市金融机构破产风险 [J]. 东北财经大学学报, 2017 (1): 71 –77.

[115] 刘志洋. 规模大的银行风险真的高吗? ——基于中国上市商业银行的

实证分析［J］. 金融论坛，2015（1）：66 – 72.

［116］刘晓欣，王飞. 中国微观银行特征的货币政策风险承担渠道检验——基于我国银行业的实证研究［J］. 国际金融研究，2013（9）：75 – 88.

［117］张荣，陈银忠，周勇. 上市公司资产规模对公司信用风险的影响［J］. 统计与决策，2006（1 下）：61 – 62.

［118］梁权熙，曾海舰. 独立董事制度改革·独立董事的独立性与股价崩盘风险［J］. 管理世界，2016（3）：144 – 159.

［119］方军雄，秦璇. 高管履职风险缓释与企业创新决策的改善——基于董事高管责任保险制度的发现［J］. 保险研究，2018（11）：54 – 70.

［120］YUAN R L，SUN J，CAO F. Directors and officers liability insurance and stock price crash risk［J］. Journal of corporate finance，2016，37：173 – 192.

［121］CELIKYURT U，SEVILIR M，SHIVDASANI A. Venture capitalists on boards of mature public firms［J］. Review of financial studies，2014，27（1）：56 – 101.

［122］雷光勇，曹雅丽，刘茶. 风险资本、信息披露质量与审计师报告稳健性［J］. 审计研究，2016，5：44 – 52.

［123］BOTTAZZI L，RIN M D，HELLMANN T. Who are the active investors？evidence from venture capital［J］. Journal of financial economics，2008，89（3）：488 – 512.

［124］雷光勇，曹雅丽，齐云飞. 风险资本、制度效率与企业投资偏好［J］. 会计研究，2017，（8）：48 – 54.

［125］XU N，LI Q Y，CHAN K C. Excess perks and stock price crash risk：evidence from China［J］. Journal of corporate finance，2014，25：419 – 434.

［126］罗进辉，杜兴强. 媒体报道·制度环境与股价崩盘风险［J］. 会计研究，2014（9）：53 – 59.

［127］林川，杨柏，彭程. 控制人权力、制度环境与股价崩盘风险——基于

创业板上市公司的经验证据［J］. 现代财经，2017（12）：36－51.

［128］YOON Y J, LI Y, FENG Y. Factors affecting platform default risk in online peer-to-peer（P2P）lending business：an empirical study using Chinese online P2P platform data［J］. Electronic commerce research，2019，19：131－158.

［129］廖理，李梦然，王正位. 聪明的投资者：非完全市场化利率与风险识别——来自 P2P 网络借贷的证据［J］. 经济研究，2014（7）：125－137.

［130］李悦雷，郭阳，张维. 中国 P2P 小额贷款市场借贷成功率影响因素分析［J］. 金融研究，2013（7）：126－138.

［131］EMEKTER R, TU Y. Evaluating credit risk and loan performance in online peer-to-peer（P2P）lending［J］. Applied economics，2015，47（1）：54－70.

［132］封思贤，那晋领. P2P 借款人的定价偏差与被动违约风险——基于"人人贷"数据的分析［J］. 金融研究，2020（3）：134－151.

［133］杨立，赵翠翠，陈晓红. 基于社交网络的 P2P 借贷信用风险缓释机制研究［J］中国管理科学，2018（1）：47－56.

［134］RIGGINS F J, WEBER D M. Information asymmetries and identification bias in P2P social microlending［J］. Information technology for development，2017，23（1）：107－126.

［135］LIN M F, PRABHALA N R, VISWANATHAN S. Judging borrowers by the company they keep：Social networks and adverse selection in online peer-to-peer lending［J］. Management science，2013，59（1）：17－35.

［136］FREEDMAN S M, JIN G Z. The signaling value of online social networks：lessons from peer-to-peer lending［J］. Interational journal of industrial organization，2017，51：185－222.

［137］蒋翠清，王睿雅，丁勇. 融入软信息的 P2P 网络借贷违约预测方法［J］. 中国管理科学，2017（11）：12－21.

［138］MICHELS J. Do unverifiable disclosures matter? evidence from peer-to-peer lending ［J］. Accounting review, 2012, 87 (4)：1385 – 1413.

［138］刘征驰, 赖明勇. 虚拟抵押品·软信息约束与 P2P 互联网金融 ［J］. 中国软科学, 2015 (1)：35 – 46.

［139］马淑琴, 郑佳豪, 王江杭. P2P 网络借贷平台风险防控机制和预警体系——基于信用中介化与流动性风险视角 ［J］. 中国流通经济, 2019, 33 (3)：102 – 111.

［140］赵鹢, 殷实. P2P 网络平台的异化 ［J］. 中国金融, 2015 (15)：90 – 92.

［141］张超宇, 陈飞. P2P 网络借贷平台模式异化及去担保化问题研究 ［J］. 南方金融, 2018 (1)：68 – 74.

［142］王秀为, 胡珑瑛, 王天扬. 基于制度信任的出借方对网贷平台初始信任产生机理研究, 管理评论, 2018, 30 (12)：99 – 108.

［143］HERZENSTEIN M, SONENSHEIN S, DHOLAKIA U M. Tell me a good story and i may lend you money：the role of narratives in peer-to-peer lending decisions ［J］. Journal of marketing research, 2011, 48 (47)：138 – 142.

［144］DUARTE J, SIEGEL S, YOUNG L. Trust and credit：the role of appearance in peer-to-peer lending ［J］. Review of financial studies, 2012, 25 (8)：2455 – 2484.

［145］陈冬宇, 朱浩, 郑海超. 风险, 信任和出借意愿——基于拍拍贷注册用户的实证研究 ［J］. 管理评论, 2014, 26 (1)：150.

［146］陈冬宇. 基于社会认知理论的 P2P 网络放贷交易信任研究 ［J］. 南开管理评论, 2014, 17 (3)：40 – 48.

［147］张维迎, 柯荣住. 信任及其解释：来自中国的跨省调查分析 ［J］. 经济研究, 2002, 37 (10)：59 – 70.

［148］SUN S. Five institution structures and institutional economics ［M］.

Berlin：Springer，2016：210 -211.

[149] 胡小荣，姚长青，高影繁. 基于风险短语自动抽取的上市公司风险识别方法及可视化研究 [J]. 情报学报，2017，36（7）：663 -668.

[150] SUN Y, HARE J S, NIXON M S. Analysing acceleration for motion analysis [C]. 13th International Conference on Signal-Image Technology & Internet-Based Systems（SITIS），2017：289 -295.

[151] SUN Y, HARE J S, NIXON M S. Detecting heel strikes for gait analysis through acceleration flow [J]. IET computer Vision，2018，12（5）：686 -692.

[152] SUN Y, HARE J S, NIXON M S. On parameterizing higher-order motion for behaviour recognition [J]. Pattern recognition，2021，112（10）：1 -9.

[153] SUN S, SUN N. Management game theory [M]. Berlin：Springer，2018：124 -128.